如何说，客户才会听
怎么听，客户才肯说

蓝 飞／著

销售高手
秘而不宣的
销售心经

吉林美术出版社 | 全国百佳图书出版单位

图书在版编目（CIP）数据

如何说，客户才会听，怎么听，客户才肯说 / 蓝飞著. -- 长春 : 吉林美术出版社, 2017.8
ISBN 978-7-5575-2535-4

Ⅰ. ①如…　Ⅱ. ①蓝…　Ⅲ. ①销售—商业心理学—通俗读物　Ⅳ. ①F713.55-49

中国版本图书馆CIP数据核字（2017）第120293号

如何说，客户才会听，怎么听，客户才肯说

出 版 人　赵国强
选题策划　张立辉
责任编辑　于丽梅
装帧设计　游　麒
内文排版　梁　娇
出　　版　吉林美术出版社
发　　行　吉林美术出版社
地　　址　长春市人民大街4646号
邮　　编　130021
网　　址　www.jlmspress.com
印　　刷　三河市明华印务有限公司
版　　次　2017年8月第1版
印　　次　2017年8月第1次印刷
开　　本　710mm × 1000mm　1/16
印　　张　14.25
印　　数　1-5 000册
书　　号　ISBN 978-7-5575-2535-4
定　　价　39.80元

前言

你是否在为产品卖不出去而烦恼？

你是否在为销售业绩不佳而忧愁？

你是否在为被客户拒绝而懊恼？

你是否在为销售失败而茫然？

……

销售，是当前最热门的职业，也是最具挑战性的职业。

销售能充分发挥个人的能力，实现个人的价值，它是一种比较自由、自主、不受直接约束的工作。在很大程度上，你可以主宰自己的命运。许多人不喜欢受制于人，而销售则为其提供了这样一种无与伦比的、能最大限度实现独立性的可能。更重要的是，销售成功所能带来的精神上的收获和物质上的报酬要远远超过那些四平八稳的职业。

可事实上，销售员虽如过江之鲫，多得数不胜数，真正成功的精英却是凤毛麟角！大部分销售员都面临着类似我们开篇所讲的各种各样的问题与困惑。

原因在哪里呢？有很多，如不够勤奋，缺乏勇气，专业知识不过关，等等，但这些都不是最重要的，最重要的是没有真正掌握“如何说”和“怎么听”的本领。

说话，倾听，看起来很简单，谁都会，但真正能将“说”和“听”很好地运用到销售活动中的人却很少。对于一个从事销售的人来说，掌握“如何说”和“怎么听”的本领是十分重要的。

销售懂得“如何说”，三言两语便能感染客户，使其心动，从而购买产品。对于销售员来说，把话说到客户心里去，可以说是挣钱最快的本事。

销售懂得“怎么听”，不但可以充分了解客户的需求，还可以使客户感到受尊重；从而赢得顾客的信任和好感。对于销售员来说，积极倾听同样是成功销售必不可少的技能。

不会说话，不会倾听，就一定做不好销售。但销售中“说”和“听”的能力不是天生的，也不同于日常生活的“说”和“听”，它们都需要通过学习和训练才能掌握。

为此，我们编撰了《如何说，客户才会听；怎么听，客户才会说》一书，从“说话”与“倾听”两个方面全面阐述如何成为一名善于沟通的销售员。本书从实用角度出发，集通俗易懂的销售知识与生动鲜活的销售案例于一体，向从事销售工作的读者提供最具操作性的“如何说”与“怎么听”的训练，相信在掌握这两门功课后，你一定可以成长为一名顶级的销售精英。

目录

上篇　如何说，客户才会听

上篇

如何说，客户才会听

第一章

一开口就吸引客户的绝密话术

“买卖不成话不到，话语一到卖三俏。”话术在很大程度上决定着销售业绩。会说话的销售员往往一开口就能吸引住客户，为接下来的销售打下良好基础。

不讲无准备之言，销售前充分了解客户

对客户的了解程度，决定着销售的成败。全球顶级销售大师乔·吉拉德曾经指出："假如你想把东西卖给某人，你就应该尽自己的力量去收集他的与你生意有关的情报。不论你销售的是什么东西，假如你每天肯花一点时间来了解自己的客户，做好准备，铺平道路，那么你就不愁没有自己的客户。"

另一位销售大师乔尔·拉斐尔森也说："在上门推销前，你要尽可能详尽地弄清客户的情况。你在这类调查中所花去的每一个小时，将会使你给客户留下深刻的印象，从而有助于你的成功。"

在销售工作中，优秀的销售员必然是善于收集客户资料的，他们把大部分销售活动变成自己的"家庭作业"，然后再信心百倍地与客户沟通。

日本经济社以1000名销售员为对象，就销售活动时间分配所做的调查表明：销售员每天活动的时间为9小时30分，其中与客户面谈的时间为2小时20分，约占整个时间的24.6%，而收集客户资料的准备时间为1小时49分，约占19%。而在美国，一般销售员每天的工作时间为9小时22分，收集客户资料的准备时间为3小时11分，约占整个时间的34%。

由此不难看出，对客户资料了解得越详尽，就越能在销售中占据主动地位。

销售员小兵曾有过这样一次失败的销售经历：

小兵曾去拜访某公司的总经理，试图达成一单业务，可每次去的时候，总是不

凑巧：总经理不是没回来，就是刚出去。每次开门的都是一位老人。

那位老人总是说："总经理不在家，请你改天再来吧！"

"你们总经理可真是个大忙人，请问他每天早上什么时候出门上班呢？"

"有时早有时晚，我也不确定。"

小兵用尽各种方法，都无法从那个老人口中打听出任何有用的消息，他心想：真是一位守口如瓶的怪老头！

就这样，在三个月的时间里，小兵前前后后一共拜访了该总经理五次，每次都扑空。

小兵非常不甘心。只要能见那位总经理一面，哪怕业务谈不成，他也觉得高兴。

最后，真相让他大吃一惊，同时又让他羞愧无比。原来他费尽心思拜访的总经理就是那位开门的老人。尽管这位老人最后还是与他签了合约，但这件事却给了小兵一个深刻的教训。

只是因为不知道客户的相貌，小兵竟然在三个月时间里白跑了五趟。最可笑的是，已经与客户见过多次面了，却还在拼命地寻找客户。

其实，在拜访之前，小兵只要多搜集资料，将客户的相貌、年龄、性格等了解清楚，就能避免这样的情况。

所以说，充分了解客户是销售前必要的准备工作。那么，怎样了解客户，才算是做好了这个准备工作呢？

一般来说，了解客户时要注意两个方面的内容：客户本人资料和客户公司资料。

1.客户本人资料

主要包括以下几个方面：

（1）姓名。记住客户姓名是非常重要的，若在姓名上犯错误，就会造成极其恶劣的影响。一个销售员去拜访客户，在名片上看到客户姓解（xiè），见面便直呼解（jiě）总，结果如何自然不难猜想。中国人讲究“行不更名，坐不改姓”，在姓名上出错是最不能被原谅的。

（2）籍贯。在销售工作中，利用同乡关系，或在客户籍贯上做文章，是非常实用的技巧。比如，你可以从对方籍贯的名胜古迹、历史文化谈起，这往往很容易拉近彼此关系。

（3）学历和经历。了解客户的学历和经历有助于与之深入交谈，然后在合适的时间，提出你拜访的目的，成交也就容易多了。

（4）家庭背景。了解客户的家庭背景，投其所好，对症下药，也是不少销售员的“撒手锏”。一个销售员了解到某客户的儿子喜欢玩魔兽游戏，在与对方见面时就送上了一些精美的魔兽纪念品，因此迅速赢得了客户的好感。

（5）爱好。了解客户的爱好，投其所好，也是赢得客户好感的手段之一。一个销售员走进某客户的办公室，发现对方爱好书法，写的条幅挂在办公室里，马上称赞对方的书法有功力，然后还与对方就书法交流心得体会，最后这个销售员顺利拿到订单。

2.客户公司资料

主要包括以下几个方面：

（1）经营状况。主要了解对方的信用情况。销售尤其是大单销售，千万不能与不讲信用的单位或公司打交道，否则你的主要任务就不是推销，而变成忙于讨债了。征信现在已经越来越为人们所重视，公司的信用情况是很容易调查清楚的。

（2）决策模式。主要了解对方在做出购买决策时所涉及的人有哪些，如发起者、决策者、影响者、购买者、使用者等。只要对每个环节都做到心里有数，那成交就并非难事。

（3）除了要了解以上的信息外，还需了解对方公司的性质、规模、内部人事关系等方面的信息。

总之，现代社会，信息的来源越来越广泛，只要你处处留心，就一定能充分了解客户的信息。

开场说动客户心——设计好精彩的开场白

销售专家通过深入调查与研究发现，在销售中，客户在刚开始的30秒钟内所获得的刺激信号，一般都会比以后10分钟里所获得的要深刻得多。因此，不管销售哪种产品，设计好精彩的开场白都是至关重要的。

来看一则实例：

小方："李科长，您好！我是××电脑公司的小方。"

客户："你好。"

小方："李科长，我这是第一次与税务局的负责人打交道，感觉到很自豪。"

客户："哦，为什么？"

小方："因为我每个月都要缴几千元的个人所得税，这几年加在一起有几十万了吧。尽管我算不上有钱人，但是缴的所得税也不比他们少。所以，今天我给您打电话，就有了自豪的感觉。"

客户："哦？这么多！那你们销售员收入一定很高，你一般每个月缴多少税？"

小方："这个根据业绩而定，有的销售员做得好的时候，一个月可以拿到好几万，这样他就要交五六千元的个人所得税。"

客户："好呀！假如每个人都像你们这样缴税，我们的税收任务就会完成得很顺利了。”

小方：“对呀！而且国家可以用这些钱去搞教育、基础建设或者国防建设，有助于国家的强大。”

客户：“不错！但是个人所得税是归地税局管，我们国税局不管个人所得税。”

小方：“哦，我对税务不太了解。我这次给您打电话是想了解一下税务信息系统的状况，而且我知道您正在负责一个国税服务器采购的项目，我很想了解一下这方面的情况。我们公司是全球主要的电脑供应商之一，我们的经营模式能够为客户带来全新的体验，我们希望能成为贵单位的长期合作伙伴。我能否先了解一下您的需求？”

客户：“好的。”

在上面这个案例中，作为电脑公司的销售代表，小方深知开场白的重要性，因此在与客户见面之前就进行了思考，做足了准备。当主管这个项目的李科长接听电话后，他开口便说：“我这是第一次与税务局的负责人打交道，感觉到很自豪。”这句话直接拉近了双方的距离，陌生感也消除了很多。客户在好奇心理的作用下询问小方自豪的原因，这样小方就进一步与对方谈到个人所得税，最后非常自然地切入主题——国税服务器采购的项目。由于客户已经对小方产生了一定的好感，所以双方下面的谈话进行得很顺利。

毫不夸张地说，开场白的好坏几乎决定着整个销售工作的成败。具体而言，开场白开得好，至少有三个方面的好处：一是创造良好的销售氛围，二是迅速引起对方的兴趣，三是做好了深入交谈的准备。因此，谈话再进入正题时，就容易取得比较圆满的结果。

然而，在销售实战中我们发现，销售人员对开场白往往处理得不够理想，要么是说一些起不到什么作用的废话，比如总是习惯性地说“很抱歉，打搅您了，我……”“好久没联系，您一切都好吧”；要么就是直接问客户“买不买”“要不要”。

假如客户在听到第一句话时，集中注意力所获得的只是一些无关痛痒的信息，那么下面销售员想要展开工作也必然是困难重重。以“买不买”“要不要”开场也是容易碰壁的，因为在客户没有接受你之前，你谈论产品、推销，客户本能的反应就是推却、拒绝，让你及早离开。销售戒律中最重要的一条就是：一开口就谈生意的销售员，永远只能是二流的销售员。

那么，在设计开场白的时候，有哪些具体的方法呢？

1.陈述价值开场法

要想让客户选择你的产品或者服务，那这种产品或者服务就必须能够帮他解决现实存在的问题，能带给他相应的价值。所以，销售开场时不妨用最简单易懂的语言，让客户明白你的产品或者服务最终能够带给他什么样的价值，这也是最节省双方时间的方法。

2.讲故事开场法

以一个有吸引力的故事或案例开场，往往极具说服力。但需要指出的是，讲故事的目的并不仅仅是为了让客户感到快乐，故事的内容一定要与你的销售工作有某种关联，或者能够直接引导客户去思考你的产品。关于这一点，我们在后面还会有专章讲述。

3.赞美客户开场法

赞美的话谁都爱听，人最大的弱点就是有虚荣心。人人都有虚荣心，只是或多或少而已。以赞美客户开场，必须要有新意，最重要的是让客户感受到诚意。赞美的话若不真诚，就容易沦为拍马屁，这样效果就不好了。

4.旁征博引开场法

在唤起客户兴趣方面，广泛引用旁证往往能收到良好的效果。一家著名的保险公司的业务经理一旦确定了推销对象，经过充分了解后，在拜访客户时常常这样说："你的朋友×先生经常在我面前提到您呢！"对方肯定想知道他的朋友到底说了些什么，于是便愿意继续听下去。运用此法，需要注意的是，引用的人或话必须是真实的，不能信口开河。

5.借题发挥开场法

借题发挥是指销售时先不直接明言，而是借别的问题加以发挥，逐步引入正题。在销售过程中，尤其是碰到对方有抵触情绪的时候，使用这种方法往往可以获得满意的效果。

6."羊群效应"开场法

在广阔的大草原上，成群的羊一起向前跑时，一定是很有规律地向一个方向跑，而不是胡乱跑向各个方向。把自然界的这种现象运用到销售开场中，就是所谓的"羊群效应"开场法，即通过提出"同行业的几家公司""很多人"都已经使用了这种产品，从而引导交易达成。

一流的销售，先推销自己

几乎所有成功的销售，都是先推销自己。在你把产品推销给客户之前，你必须把自己先成功地推销给客户。

马可和萧然是同一公司、同一产品的销售员，两人差不多同时进公司，工作也都非常努力。但不同的是，马可的业务不断，而萧然的业绩却很惨淡。同事们都很好奇，不明白两个人为什么有这样大的差距。后来，在一次销售心得分享会上，马可说出了自己的诀窍。

原来，马可无论面对什么样的客户，首先不是急于推销产品，除了递名片、自我介绍这些必要程序外，他会先把自己的能力和优势都展示出来，然后还会将自己服务过的一些高端客户介绍一下，借此让新客户信任自己。最后，他才向客户推销产品或服务。而这时，因为客户已经相信马可这个人的能力和品质，所以他推销的产品也就容易被客户接受。

和马可相反，除了简单的递名片、自我介绍外，萧然一开口就直入主题，从来不深入推销自己。

中国有句老话叫“酒香不怕巷子深”，但在竞争如此激烈的现代社会，再香的酒，如果一直藏于深巷，只怕最终也不过落得个“长在深巷无人识”的结局。

能力是需要表现出来的，对销售人士来说更是如此。抓住机遇，勇敢地表现出自己与众不同的优秀品质，多多展示自己的能力，让客户对自己产生信赖，这样才容易达成交易。

那么，如何推销自己才能获得客户的认可和赏识呢？这里介绍几种常用的方法和技巧。

1.尽可能地引起对方注意

要推销自己，首先要设法使对方注意自己，否则一切都无从谈起。要引起对方的注意，应根据不同情况采取不同方法。在这方面，唐代诗人陈子昂颇有“创新”：

陈子昂初到京城长安时，并不为人们所知。一天，他遇到有人在卖一把极名贵的古琴，标价千金。因为价贵，无人问津，可陈子昂却断然买下。旁观众人惊问其原因，他说：“我精通此道。”众人便请他弹一曲。他说：“明日请到我的住所去听吧。”次日，陈子昂等人们到齐后，不是弹琴，而是突然将古琴摔碎，众人惊愕。他大声说：“蜀人陈子昂，有文百轴，驰走京毂，碌碌尘土，不为人知。此乐贱工之役，岂可留心？”说罢，将文章散发于众人，由此“一日之内，声溢华都”。

这里，陈子昂就是以采用惊人之举的方法，来引起众人的注意，终于成功推销了自己。

2.想办法拉近距离，促使对方认同

人们最喜欢的莫过于与自己观点、兴趣相同或处境相似的人。所以，设法拉近距离，促使对方认同自己，是推销自己的基本方法之一。请看下例：

1860年，林肯与道格拉斯竞选总统。道格拉斯是一位大富翁，他租用豪华列车，拉着大炮，招摇过市。而林肯则相反，他登上朋友为他准备的马车，每到一地，就发表这样的竞选演说："有人写信问我有多少财产，我有一个妻子和三个儿子，都是无价之宝。此外，我还租有一个办公室，内有办公桌一张，椅子三把，墙角还有一个大书架，架上的书值得每个人一读。我本人既穷又瘦，脸蛋很长，不会发福。我现在没有什么可依靠的，唯一可依靠的就是你们。"

竞选的结果是林肯获胜，道格拉斯败北。林肯获胜的原因就在于他从心理上拉近了与选民的距离，从而获得了选民的认同。

3.通过毛遂自荐的方式推销自己

毛遂自荐往往能显示出较强的自信心，取得出奇制胜的效果，如下例：

1906年时，德国前总统阿登纳还只是一位律师，在一个名叫考森的人开设的一家律师事务所工作。有一天，阿登纳获悉考森准备提名一个青年律师当科隆议会的议员，于是便闯进考森的办公室，毛遂自荐道："为什么不让我去？我肯定能和那人干得一样出色。"这样提出要求，既要有胆识，又要有自信，而这两样阿登纳都具备。于是，考森同意了阿登纳的要求。

阿登纳的自我推销之所以获得成功，关键在于他毛遂自荐的勇气。当然，运用这种方法需具备两个条件：一是自己确实有这个能力，二是具有人才脱颖而出的环境。

4.采用幽默的语言推销自己

与推销商品一样，推销自己也常常需要竞争。在这种情况下，竞争一方的语言是否幽默风趣，对于树立自己的形象，获得听众的拥护，关系极大。来看下例：

1984年，里根在竞选总统时与对手蒙代尔进行电视辩论。辩论中，蒙代尔针对里根的年龄发动攻击，说里根年龄太大不适合担任总统。对此，里根并未加以反击，而是幽默地说："蒙代尔说我年龄过大，但我不会把对手的年轻、不成熟这类问题在竞选中加以利用。"里根的幽默语言引起了观众的笑声，在笑声中，选民接纳了里根。

里根之所以能在竞选中获得胜利，除了特定原因之外，幽默风趣的语言功不可没。幽默风趣的语言使里根不但在论点上战胜了对手，而且在选民中树立了良好的个人形象。

当然，要成功推销自己并不是一件容易的事情，开始时可能不得其法，但只要我们多去思考，找出具有自己特色的方法去实践，总结教训，积累经验，不断进步，就能渐渐熟练地将自己推销给各种各样的人群。这样一来，你会越来越有成就感，并会喜欢上这种推销自己的工作，而销售产品也就会变得容易许多。

挥动赞美的"魔法棒"，最能打动客户心

赞美是这个世界上最动人的语言，特别是对客户的赞美。在销售产品前，对客户加以赞美，会让他们的自尊心得到极大满足，让他们觉得你是个可以相信的人，进而觉得你销售的产品也是可以相信的。

柯达公司创始人乔治·伊斯曼因为发明了感光胶卷而积累了一笔高达1亿美元的财产，从而使自己成为当时世界上最著名的商人之一。

功成名就后的伊斯曼曾经在曼彻斯特建过一所伊斯曼音乐学校，同时为了纪念他的母亲，还建过一所著名的戏院。当时，纽约高级座椅公司的总裁亚当森想得到这两幢建筑的座椅订单。于是，他同负责大楼工程的建筑师通了电话，约定拜访伊斯曼。

在拜访伊斯曼之前，亚当森向了解伊斯曼的建筑师询问伊斯曼的做事风格及兴趣，建筑师向亚当森提出忠告："我知道你很想争取到这笔生意，但我不妨先告诉你，如果你占用他的时间超过了5分钟，那你就一点希望也没有了。他是说到做到的，他很忙，所以你得抓紧时间把事情讲完。同时，你要尽量多地运用世界上最动听的语言——赞美。"

亚当森被建筑师领进伊斯曼的办公室时，伊斯曼正伏案处理一堆文件。过了好一会儿，伊斯曼才抬起头来。似乎才发现有人在，他说道："你好！先生，请问有事吗？"

建筑师先为他们做了引荐，然后亚当森满脸真诚地说："伊斯曼先生，在恭候您的时候，我一直欣赏您的办公室，我很羡慕您的办公室。假如我自己能有这样一间办公室，那么即使工作辛劳一点我也不会在乎的。您知道，我从事的业务是房子内部的装修工作，我还从来没有见过比这更漂亮的办公室呢！"

伊斯曼回答说："您提醒我记起了一样差点儿已经遗忘的东西，这间办公室很漂亮，是吧？当初刚建好的时候我对它也是极为欣赏。可如今，我每来这儿时总是盘算着许多别的事情，有时甚至一连几个星期都顾不上好好看这房间一眼。"

亚当森走过去，用手来回抚摸着一块镶板，那神情就如同抚摸一件心爱之物："这是用英国的栎木做的，对吗？英国栎木的质地和意大利栎木的质地就是有点儿不一样。"

伊斯曼答道："不错，这是从英国进口的栎木，是一位专门同细木工打交道的朋友为我挑选的。"

接下来，伊斯曼带亚当森参观了房子的每一个角落，并把自己参与设计与监造的部分一一指给亚当森看。他还打开一只带锁的箱子，从里面拿出他的第一卷胶片，向亚当森讲述他早年创业时的奋斗历程。

伊斯曼情真意切地说到了孩提时家中一贫如洗的惨状，说到了母亲的辛劳，说到了那时想挣大钱的愿望，讲了怎样没日没夜地在办公室搞实验，等等。

“我最后一次去家具城时，买了几把椅子运回家中，放在我的阳台上。可阳光使之褪了色，所以有一天我进城买了一点漆，回来后自己动手把那几把椅子重新油漆一遍。你想看看我漆椅子这活儿干得怎样吗？好吧，请上我家去，咱们共进午餐，饭后我再给你看。”当伊斯曼说这话的时候他俩已经谈了两个多小时了。

吃罢午饭，亚当森看了那几把椅子，每把椅子的价值最多只有1.5美元，但伊斯曼却为它们感到自豪，因为这是他亲自动手油漆的。对伊斯曼如此引以为荣的东西，亚当森自然是大加赞赏。最后，亚当森轻而易举地做成了那两幢建筑的座椅生意。

事实上，无论是什么样的客户，都不可能对赞美之词无动于衷，更不会在受到称赞时不开心。赞美客户，让客户开心，并不需要我们花一分钱，我们也不会因此受什么别的损失，何乐而不为呢？

销售人员如果都能遵循赞美客户这一准则，并信守不渝，那么肯定会有越来越多的客户相信你，购买你的产品。人性中一个最强烈的欲望就是成为一个举足轻重且受别人欣赏的人，优秀的销售员必须好好利用这一点。

投其所好，一条颠扑不破的销售准则

在了解客户之后，我们说话就要能从其期望出发，也就是所谓的“投其所好”，这样做能让客户主动积极地听你说，为你的销售成功平添一分力，甚至是具有决定性的“力”。

有一个大学刚毕业的法律系学生，因为未能通过律师考试，只好在一家事务所当实习生。按公司规定，试用期间每个人在一个月内都要拉到一个新客户。可是他刚离开学校不久，又没有任何背景，每次去拜访一些陌生客户，不是吃闭门羹，就是要他回去等消息。

眼看一个月的期限就快到了，他已经心灰意冷，打算另谋出路。没想到这个时候奇迹出现了，他不但开发出一个新客户，而且还借着这个客户的引荐，一连发展了十几个新客户。他不但没有被炒鱿鱼，反而晋升成正式职员，薪水也连跳了好几级，成了该事务所的“超级员工”。

这个新人到底是凭借什么本领，找到并打动他生命中的“贵人”的呢？以下内容是他的自述：

“当天，我愁眉不展地踏入那家公司，到门口的时候，我想到以前几次的闭门羹，就更加忐忑不安。忽然，我看到了公关主任桌上的名片，于是我想到办法了。

“这位主任的姓蛮少见的，竟然姓万俟，叫作万俟明，而我恰好又很喜欢看传统小说，以前在看《说岳全传》时，书中有个坏人的名字叫‘万俟乔’，这个人与岳飞同朝为官，但因为岳飞见他时不以礼相待，因此与岳飞不和。他迎合奸相秦桧，在朝中一再攻击岳飞。终于，绍兴十一年时，岳飞父子被下狱治罪。并且，如果有在朝为官者替岳飞申冤，也都会被他弹劾。可以说，这个人实在是个大大的奸臣。

“我看《说岳全传》时年纪还小，一看到‘万俟卨’三个字，就不知道怎么读，所以特地查了字典，这才知道“俟”字的读音。也正是因为这样，我才知道‘万俟’这两个字的正确读音（万俟作为姓应读作mò qí）。

“当时我一眼看见这人的名片上写着‘万俟明’，我就礼貌地向前称呼他：‘万俟先生，我是××事务所的职员，今天特地来拜访您。’

“别人听到我这句话恐怕不会有什么反应，但我才说完这句话，对方就吃惊地站起来，结巴着说：

“‘你……你怎么认识我的姓，一般人第一次都会念错，大部分人都叫我万先生，害得我总是解释了一次又一次，烦死了。’

“我听了以后感觉这次拜访似乎会有个好的开始，于是我接着说：‘这个姓是复姓，而且又很少见，想必有来源的吧！’

“对方听到这里，更显得神采飞扬，他高兴地说道：‘这个姓可是有来由的，它原是古代鲜卑族的部落名称，拓跋氏就是由万俟演变而来的。’

“我看到对方越来越高兴，于是接口问道：‘那您就是帝王之后，系出名门了！’

“那位万俟明先生听了后更加高兴地说下去：‘岂止是这样，这个姓氏一千多年来也出了不少名人，例如宋代有个有名的词人叫万俟咏，自号词隐，精通音律，是掌管音律的大晟府中的制撰官，还写过一本书叫《大声集》。’

“用这个少见的姓氏做话题，我和那位主任聊了起来。尽管我并未说明来意，更没谈什么细节，但光凭这次愉快的交谈，就让我开发出一家财团做客户。而这家财团旗下所有的关系企业，全都与事务所签下了合约，聘我们做法律顾问，为我们事务所增加了前所未有的业绩。”

由此可见，与客户说话要想达到目的，就一定要投其所好，寻找能让客户产生得意之情的话题，像上面那个年轻人那样。相反，如果只顾自己夸夸其谈，毫不顾及客户的感受，则根本不可能把话说得动听，更不可能让客户真心倾听。

只要勾起了好奇心，那客户不想听都难

好奇心是人类最基本的心理之一，也是人类行为主要的动机之一。美国杰克逊州立大学的刘安彦教授说：“探索与好奇，似乎是一般人的天性。神秘奥妙的事物，往往是大家所关心的对象。”从客户不了解、不熟悉、不知道或与众不同的东西谈起，巧妙地利用客户的好奇心，可以促使整个销售工作顺利开展。

金克拉是全球顶级销售大师。有一次，他因违反交通规则被罚款50美元，当时的50美元可是一笔不少的钱。那天，他去交罚款，当把钱交到那位处理罚款通知单的小姐手中时，他突然有了一个念头：假如能够巧妙地抓住这个机会向她销售自己正在卖的厨房用品——锅，也许就能弥补这笔损失。

于是，他有礼貌地对那位小姐说：“我想向你打听两件事，可以吗？”

那位小姐微笑着答道：“请讲。”

金克拉问道：“先冒昧地问下，看你的年纪，应该还是单身吧？另外，工作几年，应该也存了一些钱吧？”

小姐感到有些奇怪，说道：“嗯，是的。”

金克拉问道：“那么，假如有一件非常好的、以后你一定用得上的东西，如果你看了喜欢的话，你会愿意每天省下15美元把它买下来吗？”

“嗯，我想我愿意。”

“那件东西就放在我的车里，它非常漂亮和实用，不但你现在需要，你以后的生活中也会经常使用它。为了让你看看那件东西，能否占用你5分钟的时间？”

“好的。”

“那么，就请等一下。”

说罢，金克拉赶快跑到汽车里，将锅的样品拿来。接着，尽管时间很短，他还是热心地进行了示范。随后，他问那位小姐是否需要买。

那位小姐没有马上答应他，而是把目光转向一位比她大10岁左右的已婚女士，问道：“假如您处在我的位置，您会怎么办呢？”

还没等那位女士回答，金克拉连忙说：“对不起，请容许我先说几句。请问，假如站在这位小姐的立场上考虑问题，您将会怎么办？实际上，您是已婚人士，结婚以后您所负担的费用会随着家庭成员的增加而加重，我想这些您是完全知道的。请您想想，假如您在结婚之前，能遇到像现在这位小姐可以得到一套这样漂亮实用的锅的机会，您会怎么办呢？”

那位女士爽快地答道：“假如是我，就将它买下来。”

金克拉接着问那位小姐：“这也应该是你想要做的事情吧？”

小姐微笑着回答说：“嗯。”

就这样，金克拉成功把一口锅卖给了收罚款的那位小姐。

达成交易后，金克拉又问那位已婚女士：“尽管在结婚前您没有遇到这样的机会，可是总不能让您和您的家人以后一辈子也不使用这样的锅吧！”

“嗯，那倒是。”

“您大概也同样想买这套锅吧？”

“嗯，是的。”

就这样，金克拉很轻松地又做成了第二笔生意。

试想，如果金克拉最初就开门见山地问收罚款的小姐：“你想要一套锅吗？质量非常好的锅，要吗？”他还能做成这两笔买卖吗？八成是不能的。他的成功就在于先激起了对方的好奇心，使对方迫切地想知道他说的那个好东西究竟是什么。当他得到许可拿出样品后，又不失时机地加以示范，证实那东西确实不错，使对方根本没有机会产生“原来只是一口锅呀”这样的想法。

通过上面的例子我们不难发现，想要让客户专注于产品，首先就要引起他们的好奇心，要让他们明白这件产品的重要性，让他们时刻惦记着这个东西，这样就能激发他们的兴趣，并能达成交易。

总之，在销售实战中，假如客户对你、对你的产品或者产品的某点感到好奇，你就已经成功了一半。相反，如果他们一点儿也不好奇，你将寸步难行。也就是说，如果你能激起客户的好奇心，你就有机会建立客户关系，发现客户需求，提供解决方案，进而达成交易。

拉近与客户的距离，用幽默就对了

德国思想家恩格斯说：“幽默是具有智慧、教养和道德上优越感的表现。”在销售中，幽默的谈吐也是必不可少的。

毋庸讳言，销售是一件容易让客户充满戒备与敌意的工作。如果销售员能够适当运用幽默的技巧，就可以消除客户的紧张情绪，使整个交谈过程变得轻松愉快，充满人情味。所以，幽默的销售员更能获得客户的欢迎，取得他们的信任，促使交易走向成功。

来看一下日本寿险业销售大师原一平是如何在销售中运用幽默的：

“您好！我是明治保险公司的原一平。”

“哦——”

对方看了他的名片后，慢条斯理地抬头说：“三天前，曾来过一个保险公司的销售员，他话还没讲完，就被我赶走了。我是不会投保的，所以你也不必多说了，你还是快走吧，免得浪费彼此的时间。”

这个人性格直率，一看就不好打交道，不过原一平自有对策。

“谢谢您的好意！听完我的介绍之后，假如您不满意的话，我会当场‘切腹’。所以，请您给我个机会吧！”

说到“切腹”时，原一平一脸正经，甚至还装作有点愤怒的样子。对方听了忍不住哈哈大笑说：“哈哈，你真的会切腹吗？”

“是的，就像这样一刀刺下去……”原一平一边回答，一边用手比画。

“哦，既然这样，那我看你非得切腹不可。”

“既然怕切腹，那我非要用心介绍不可啦！”

话说到这里，原一平脸上的表情突然从“一本正经”变为“鬼脸”，于是这个人不由自主地和原一平一起大笑起来。

原一平的幽默不止如此，面对同样的情形，他有不同的幽默之道。

“您好！我是明治保险的原一平。”

“哦！你们公司的销售员昨天才来过。我这个人最讨厌保险了，所以他被我赶走啦！”

“是吗？但我可比昨天那位同事英俊潇洒多了！”

“什么？我看可不是。昨天那位啊，身材高大，仪表堂堂，比你高多了，也比你英俊多了。”

“矮个儿都是好人，辣椒越小越辣，俗话不也说‘人越矮，俏姑娘越爱’吗？这可不是我发明的啊！”

“哈哈！你这个人挺有意思。”

这样顺势交谈下去，随着双方交谈的气氛逐渐融洽，其结果可想而知。

幽默的人走到哪里就会将笑声带到哪里。在销售过程中，适当地来点幽默，缓和与客户之间交谈的气氛，往往能更快地达到销售目的。

不过，幽默也并非什么时候、面对什么人都可以用，要运用得巧妙，运用得有分寸、有品位。在运用幽默时，销售员要注意以下几点：

（1）幽默要区分对象和场合。在你打算轻松幽默一番之前，最好先分析分析你的产品和你的客户，一定要确信不会激怒对方，因为幽默很可能会有适得其反的效果。例如，当你和一位银行家打交道的时候，你明知道他喜欢一本正经，却偏要去故作幽默，效果自然不会好。另外，幽默要区分场合，如果是在比较严肃的会议中或是商谈比较重要的事情，那么就不宜幽默了。

（2）千万不要拿客户的一些私人问题来说笑，以免引起对方的不快，使客户觉得我们不尊重他。另外，幽默时一定要做到措辞准确，避免引起误解。

（3）幽默时保持微笑。销售员的微笑其实就是在告诉客户，他此刻说的话是为了让客户高兴起来。有些销售员在开玩笑的时候一本正经，本来很有趣、很有意思的玩笑，也会变成有讽刺意味的话，结果破坏了销售员和客户之间的关系。

（4）不要冲淡“达成交易”的主题。有些销售员一开起玩笑来，往往会将客户的思路越拉越远，最后冲淡了谈话的主题，使得交易失败。销售员一定要注意避免犯这样的错误。

营造画面感，用形象的语言激发客户想象力

著名的服装销售大师巴巴拉·哈里森说："世界上每一幕戏都源于想象。"在销售过程中，如果你能用形象的语言激发客户的想象力，那么客户一定会津津有味地听你讲下去。

一般而言，当人们听到或者看到某种事物的时候，往往会在潜意识里为这件事或这种东西勾勒出一幅图画，然后根据这幅图画做出判断。

比如，你销售的是摩托车，那么当你的客户在使用这辆摩托车的时候，你能想象出是一幅怎样的情景吗？或者，你销售的是液晶电视机，你能想象出客户和他的家人一起看电视的情形吗？更重要的是，你能用形象的语言描绘出你的想象吗？

在与客户交流时，你说的话，不但要能让客户听到，同时也应该让他们能够"看"到。这样，客户才会调动起想象，也才会对你说的感兴趣。

那么，如何说才能激发客户的想象呢？答案很简单，就是用形象化的语言。你先要用心"看见"客户使用产品时的美好情景，然后再把看见的情景形象地讲出来，为客户构造出一幅具有吸引力的画面——画面越有吸引力，就越能打动客户。

比如，一个销售员要销售一处海边别墅，那么他就可以用形象的语言进行"构图"，全方位地调动客户的想象：

“您可以听到海浪冲击沙滩的声音，还有海鸥的叫声。”

“你可以在早晨欣赏海上美丽的日出。”

“你可以去冲浪，可以去海泳，还可以返璞归真，体验渔民的生活！”

“你可以造一支独木舟，那木头十分平滑，用手握起来十分舒服，让你觉得充满活力。”

这样的话绝对可以激起客户对海边别墅的向往。

一个普通的销售员去卖橙子，他可能会对客户说“买我的橙子吧”或是“橙子好甜的”。但如果是一位销售高手，则会运用形象的语言来销售。他会说：“看看这些漂亮的橙子，把它带回家，一切开就会看到阳光的影子，你可尽情享用最新鲜、充满维生素的橙汁！”不难看出，后一种说法能让顾客体会到亲自品尝橙汁的感觉，引起他们对美味橙汁的想象，调动他们的潜意识，从而激发他们的购买欲望。

再比如，你要是销售跑步机的话，可以这样说：“你早上起床，穿上运动鞋和休闲装，打开窗户，深吸一口清新的空气，明媚的阳光照在身上。然后，你踏上跑步机，轻松舒畅地开始跑步，由慢到快。当你轻微有些出汗时，它会提醒你时间到了。然后，你开始洗浴，梳洗整齐，穿上刚刚熨烫过的职业装，信心百倍、神清气爽地走出家门，开始一天的工作。”

形象的语言可以用来激发客户的想象，也可以用来介绍产品的功能。如果你销售打印机，可以这样说：“假如您家里有这样一台多功能打印机，会给你带来无穷的便利。客户需要发传真，您不必去找传真机，只需轻轻按下接收传真的按键就可以了；如果你需要把一些重要的图片放在电脑里，不用去找扫描仪，只需把图片放好，按一下扫描的按键，资料就会输入你的电脑；如果你需要的资料很多，也不必到外面去复印，自己就可以扫描打印。另外，你还可以利用它打印自己喜欢的各种照片，效果形象逼真，令你爱不释手。”

像上面这样的例子还有很多，总之，只要你能用生动形象的语言对产品进行描述，没有几个客户是不会动心的。这种绘声绘色的描述比干巴巴的介绍要管用许多倍。因为这样可以让他们感觉到拥有这个东西之后的幸福、快乐。做到了这一点，销售就成功了一半。

一击中的，没有意义的废话没人听

面对客户时，你的话越是精练，就越是有吸引力，没有意义的废话则只会让客户反感。本来还有希望的交易，经过废话的“折磨”，也许就彻底没戏了。

口才出色的销售员善于组织话语，把话说到点子上，不仅科学合理，起伏有致，而且言语的逻辑性也强，能充分地反映出思路的清晰；蹩脚的销售员的话语却让人不得要领，给人以废话连篇的印象。

纪女士去一家商场购物，在一个女装专柜面前停住脚步，想看一下有没有合适的衣服。一看到有人光临，一位女销售马上就走到她的前面，一口一个“大姐”，热情地向她推销：“大姐，您看看想买哪款衣服？”“大姐，我们这里有最新款的秋装！”“大姐，您身材这么好，这件衣服肯定合适！”

女销售几乎是寸步不离地跟着纪女士，嘴里的话基本没有停过。纪女士实在受不了，便对这位喋喋不休的销售员说：“谢谢，我想随便看看，就不麻烦你了！”女销售只好悻悻地离开了。

“说实话，我不喜欢这些没有意义的废话，本来想看看有没有合适的衣服，可惜挺好的心情被这个销售员的过度的服务搞坏了。”纪女士无奈地说道。

其实，大部分客户都是这样认为的：你只要告诉我事情的重点就可以了，我不要听没有意义的废话！所以，面对客户时切忌废话连篇，要把话说到点子上，即一击中的！

一位电子游戏销售员在推销产品时，与客户进行了这样一番对话：

“您的孩子快上中学了吧？”

“对呀。”

“中学是最需要开启智力的时候，我这儿有一款游戏，对您孩子的智力提高一定有益。”

“什么？我不需要什么游戏，孩子都快上中学了，学业多重啊，还敢让他玩游戏？”

“我们这款游戏是专门为中学生的学业设计的，它是将数学、英语结合在一块儿的智力游戏，绝不是那种会耽误学业的游戏。”

客户开始有些好奇了。

销售员接着说：“互联网时代，学习的方式也发生了巨大的变化。请您不要固执地以为游戏就一定是害孩子的，好的游戏也可以成为孩子的重要学习工具。”

接着，销售员从包里取出一张U盘递给客户，说：“这里面就有这种新式的游戏，要不，你先试着玩一下。”

果然，客户玩过之后，立刻被吸引住了。

销售员趁热打铁：“现在的孩子真幸福，一生下来就处在一个良好的环境中。家长们为了孩子的全面发展，往往在所不惜。我的好几个客户都买了这种游戏，家长们都很高兴能有这样有助于孩子学习的产品，还希望以后有更多的系列产品呢！”

结果是，客户高兴地购买了这种游戏产品。

在这里，销售员巧妙地运用了口才艺术，一步一步，循循善诱，激发了客户的购买欲望，使其产生了占有这种产品的感情冲动，促使客户采取了购买行动。

在推销过程中，口才很重要，但也不能毫无顾忌地胡乱发挥，若没有把话说到点子上，不能一击中的，那也等于白说，说得再多也可能都是废话。

实话不一定实说，使客户心情舒畅最重要

假如你是一名服装销售员，有一位客户走进了你的店门，你发现他身上穿着一件很旧的外套，就想卖给他一件新外套。看着他身上的破旧外套，你心里一定在想："这人怎么还穿这种破衣服？这还是好几年以前流行的款式，他居然穿了这么些年，这衣服早该当抹布使了。"你心里这样想，但嘴上不能这样说。如果你实话实说，那你离"优秀销售员"这一称号就差太远了。

假如你是一名汽车销售员，当客户问你他那辆旧车可以折合多少钱时，你心里想的也许是："这种破车还能值几个钱？"这可能是大实话，那辆车也许确确实实就是一辆不值钱的破车，它的轮胎也许已经磨损得不像样了，烧起汽油来也许比柴油引擎还要多，车里的气味也许很难闻。总而言之，它就是一辆破车，但这种大实话你不能说。因为这是客户的车，他可能很爱这辆汽车，毕竟他开了这么多年，多少总会有点感情。即使他不喜欢这辆车，也只有他才有资格来批评这辆车。如果你先开口说这辆汽车如何如何的糟糕，这无疑是在侮辱客户，不知不觉中你会伤害他的自尊心。

像这样的例子还有很多，想想这些，你还敢批评客户用过的东西吗？

詹姆斯的车已经用了十几年了，最近有不少销售员向他推销各式新车子，他们

总是说："您的车太破了，开这样的破车很容易出车祸的……"或是说："您这破车三天两头就得修理，修理费太多了……"詹姆斯却执意不买新车。

有一天，一位中年销售员又向詹姆斯推销，他说："您的车还可以再用几年，换新车太可惜。不过，一辆车能够行驶12万英里，您开车的技术的确高人一筹。"这句话使詹姆斯觉得很开心，他即刻买下了一辆新车。

有时，客户会自己说自己的东西不好，比如说："我这辆车太破，想买辆新车。"这时你也不能跟着附和："你这车确实够破的了，早该换辆新的了。"特别是在谈及孩子时，当客户说他的孩子太淘气时，你若顺着他的话说"是够淘气的"，那你就休想他们买你的商品。你可以说："聪明的孩子都淘气。"

实话不实说并不是虚伪，话是说给客户听的，你的话可以使客户心情舒畅，也有可能使客户的情绪一落千丈。有时，实话不实说，使客户心情舒畅，于己于人都有好处，何乐而不为呢？

当然，实话不一定实说并不是要你不讲实话，也并不是要你以次充好去欺骗客户，它只限于你销售的产品以外的东西，对产品本身还是要实话实说的。

第二章

说对卖点：卖点对了，生意就成了

找到产品的卖点，提炼产品的卖点，然后说对产品的卖点，让卖点去征服客户，那么销售就是水到渠成的事情。

讲卖点要有技巧，可别做单纯的产品讲解员

曾经有一个销售精英在对朋友谈起自己的销售心得时，这样说道："你看，尽管我们卖的产品是贴牌于隔壁一个大品牌的，但是我能够很轻松地找出我们自己品牌的10个卖点。很多客户感觉我们的产品要好过隔壁的大品牌，我们的生意比他们也好很多。"

一个贴牌产品的生意竟然远远好过隔壁的大品牌，而且品牌的知名度在客户心理竟然也高过那个大品牌！为什么会出现这种情况呢？

答案就在于销售能力的不同。大品牌虽然实力雄厚，但销售人员的能力却一般，他们只是做好产品简介就好了；而贴牌产品的销售精英却是用诸多卖点塑造品牌形象。

还有一个类似的例子。有一位老太太去水果店买橘子，到了第一家店，她问店员："橘子多少钱一斤？"店员说："一斤一块七，又大又甜，很好吃！您要多少？"老太太一听，扭头就走了。进了第二家店，她还是问："橘子多少钱一斤？"店员说："一块七，您想要什么味道的橘子？"老太太说："想要酸的。"店员从一个筐子拿起一个橘子："这筐里的又大又酸，您尝尝？"老太太接过来一尝，还真是，就买了两斤。

老太太拎着橘子准备回家，路上又看到一家水果店，担心自己买贵了，于是就进去问店员："橘子多少钱一斤？"店员说："一块七，您想要什么样的橘子？"

老太太说：“要酸的。”店员问：“人家买橘子都要甜的，您为什么要酸的？’老太太说：“我儿媳妇怀孕了，想吃酸的。”店员恍然大悟：“那您为什么不买猕猴桃呢？猕猴桃又酸又有丰富的维生素，既能满足您儿媳妇的口味，又对小宝宝的健康有好处。”老太太一听动心了，又买了两斤猕猴桃。

这三个店员有没有区别呢？当然有，而且区别很大。第一个的技巧最差，急于表现自己的产品的卖点，根本没想到，他所认为的卖点正好是客户最不需要的。只顾着自己表现，不能引导客户说出需求，他的业绩肯定不好。第二个比第一个技巧好，没有顾着自己说卖点，而是问了客户的需求，所以做成了生意。第三个无疑是技巧最高的店员。按理说，客户已经买到了想买的东西，到这里只是打探一下价格，本来没有多少成交的希望，可是这个店员不但问对方买什么样的橘子，还要问她为什么买酸的橘子，最后把客户没打算买的东西给推销出去了，这才是真正会讲卖点。

在销售的过程中，讲卖点是关键的一环，但一定要记得，卖点绝不等于产品讲解，讲的过程一定也是沟通的过程，陈述得要到位，同时也要擅长提问，通过提问来问出客户的需求，引导客户参与到对话中来，这样才能把卖点讲清楚，并形成一个良性互动，最终取得满意的结果。

另外，在讲卖点时不能太过平庸，你需要去找一些能够刺激到客户“痛点”的卖点。

1.卖点必须是精练的

卖点的重要性不言而喻，但是对于一个平庸的卖点，客户往往没有时间、没有心情去听。销售时必须将卖点进行精练，形成客户能够迅速听明白的话术。

2.卖点必须是生动的

单纯用嘴巴去讲卖点，并不一定能吸引客户去听，要让卖点变得生动起来，最好的办法就是让客户参与其中。在介绍卖点的时候，如何让客户快速体验到产品的优势呢？这就需要销售员与客户进行互动，让客户参与到销售过程中。

3.卖点必须是能够解决“痛点”的

很多销售员在讲卖点的时候，非常努力，而且也能够让客户参与其中，可是到最后却依然没有成交，其中关键的原因就是没有将产品的卖点与客户的“痛点”结合起来，或者没有对客户的“痛点”进行深入挖掘。当客户对自身“痛点”没有足够深的认识时，卖点即使再好，也很难让他买单。

4.卖点必须是有杀伤力的

所谓货比三家，客户看得多，听到的卖点也就多了。如何让客户快速记住甚至选择你的产品呢？这不仅仅需要精细化的服务，更需要对产品卖点进行设计。要将卖点设计得对同类竞争品牌有杀伤力，方能让你的产品脱颖而出！

没有三两三，不敢上梁山：专业能力是基本功

在竞争激烈的现代商业社会，无论是在产品市场还是服务市场中，客户都有更大的选择空间。这时，影响他们选择与决策的因素已经不只是产品本身，还有在产品、服务与消费者之间扮演桥梁角色的销售员的专业能力。可以说，销售员的专业能力是最基本的“卖点”，没有这个“卖点”，产品再好，也可能遭到客户的无情拒绝。

除了一些功能简单或者客户有良好认知的产品外，大部分产品对销售人员的专业能力提出了更高的要求。尤其是一些新产品，客户对之缺乏经验和认知，会对购买产生某种恐惧和担忧，对后续使用中的售后服务也心存疑虑。这时，销售员假如

不具备这方面的专业知识，那么不管说得有多动听也难以打动客户的心。因而，专业能力是销售人员必须解决的根本性问题。

另外，即使客户对产品有良好的认知，也不代表销售员一知半解就可以了。须知，越是专业的客户，对销售员的要求越高。

来看下面这个例子：

一天，一位汽车发烧友来到一家4S店。见到有客户到来，销售员马上热情地上前打招呼，询问客户想要看什么车。

只见这位客户走到了一辆车面前，要求销售人员打开引擎盖，启动发动机。在仔细听了发动机的声音并对发动机舱内的各部件做了全面的观察后，这位发烧友客户问了一个比较专业的问题："这款车的怠速是多少？"

销售员听到这个问题，不假思索地回答说："1斤。"

"1斤？"客户一头雾水，没有弄明白他说的是什么意思。

销售员发现了客户的疑惑，为了解释自己说的数据正确，他让客户坐进了驾驶室，用手指着仪表台上的发动机转速表（此时指针在"1"的位置上）："您看，就是这里，1斤。"

这时，客户无奈地笑了笑，表情中露出对这位销售人员的不屑，只不过没让销售员察觉而已。

接下来的对话，更让这位客户失望。

客户："怠速高了能不能调？"

销售员："当然，只需调一下化油器就可以了。"

听了这话，客户摆了摆手，什么也没说就走出了4S店。而那位销售员不明就里，还以为客户只是问问而已。

来分析一下上面这个案例，这位汽车销售员可真是太业余了。"怠速"是汽车产品的一个专用术语，指的是在停驶的状况下发动机热机后的正常转速，单位是“转/分钟”而不是“斤”。怠速的高低在一定程度上将影响到使用过程中的油耗，这是客户比较关心的问题。另外，因为环保的要求，目前新生产的汽油机汽车全部采用了电喷系统，化油器早就不再使用，所以怠速的调整不存在调化油器的问题。这是汽车销售中最基本的知识。遗憾的是，这位销售员连这个也不懂，如此又怎么能够获得客户的信赖呢？

毋庸置疑，专业的知识和巧妙的技巧相配合才是提升销售业绩的制胜法宝，才能为你的销售带来突飞猛进的发展。

那么，销售员到底应该掌握哪些知识呢？多多益善当然是最好的，但是由知之不多到知之甚多需要一个过程，并且“多”是没有止境的。所以，应该有一个最低限度，这个最低限度至少应该包括以下内容：

1.了解产品的构造和技术性能

作为销售员，应该知道自己所销售的商品的材料构成、化学成分、结构特点、物理及机械性能等。有一个铝材业务员，向一家使用钢材制造金属围栏的工厂销售铝材。起初，围栏厂的领导以为铝材太软不能使用，业务员便提供足够的证据，以证明他销售的铝材不但重量轻、不生锈，而且坚固耐用，结果他做成了生意。

在这里还有一点需要注意，了解商品的构造和技术性能，并不是要求销售员把所有你知道的这方面的知识一股脑儿地全告诉客户。过分烦琐的技术细节反而会使你失去可能的客户。

2.熟悉产品的使用方法

作为销售员，对客户提出的有关操作的各种问题，都必须能够对答如流。销售员只有掌握了产品的使用方法，才能当众演示，从而更为有效地说服客户。好比你去买手机，假设某品牌手机正好在那儿有个专卖柜台，当销售员打开手机向你介绍的时候，手机却一直不能上网。他处理了好一会儿都没解决，最后还是他的同事帮忙才处理好。然后，他却厚着脸皮地向你说手机使用起来效果怎么怎么好，你还会相信他的话吗？不用说，肯定不会相信他的话。

3.熟悉产品的耐用程度和保养措施

无论是日常生活用品，还是生产资料，都有个使用年限的问题，如灯管、灯泡、电视机、洗衣机等，都有使用寿命。倘若销售这一类的商品，销售员必须了解它的使用寿命。

一般情况下，客户购买一件价格较高的商品，不希望它短期内报废。因此，客户对商品的必要保养知识会很有兴趣。你的商品需要怎么维护和润滑？需要使用电池吗？客户会提出很多如何合理使用的问题，销售员应该做到心中有数，应对自如。

4.熟知产品的与众不同之处

一般情况下，市面上同一类商品往往不止一种品牌，常常是一类商品几十种品牌，甚至上百种、上千种品牌，客户为什么非要买你的产品呢？你怎么说服他们买你的而不买别人的商品呢？你必须让他们知道你的产品有何与众不同之处。

5.了解产品的生产过程

有些客户要详细了解产品的生产过程。例如，服装店采购西服时，不仅要询问面料的类型，还要了解裁剪、缝制、熨烫的方法与过程，因为这些信息有助于销售员的工作。再比如，电脑的买主通常都要询问有关数字处理、操作、存储等方面的详细情况，而且提出的问题可能很专业。销售员必须对每个问题都做出确切的回答，才能赢得客户的信任。

6.了解产品的服务项目和水平

大部分企业在销售产品时都附带一定的服务项目。有些客户除了要享有固定的服务项目外，还要求获得额外的服务或者要求提高原有服务的水平。销售员要了解企业所提供服务的时间、地点及费用，了解企业为客户提供额外服务或提高服务水平的可能性，同时还要了解各项服务对客户的重要程度。几乎所有的购买者，不论是个人还是团体，不论是有形产品的购买者还是无形产品的购买者，都希望享受顶级的服务，且购买数量越大，购买的商品越复杂，对服务的要求越高。客户乐于与有服务精神的销售员打交道。

销售员必须能够熟练回答客户的类似问题：产品售出以后公司能做什么？提供什么类型的服务？但是，你要记住，一定要指定保修范围，以免产生误解。你要了解本公司在维修、更换配件和退货方面的规定，因为客户需要这方面的信息。还有，当客户有问题时，你应该知道找维修部的什么人联系。如果想获取客户的信任，必须在客户需要帮助时给他们提供支持。

现实中，有很多销售人员并不认同所谓的专业能力，在他们看来，客户不买自己的产品是因为品牌知名度不高、广告投入少、价格高、产品竞争力不够等。其实，只要花点时间认真研究一下就会发现，一切的问题都源于销售员自己。如果销售员不能正确认识这个问题，那么无论怎么说，客户都不见得会听。因此，掌握必要的专业能力是销售员的基本功。

提炼核心卖点，用与众不同打动客户

产品好，卖得却不好，一个很重要的原因就是卖点没有提炼到核心之处。好的产品加上核心卖点，才有可能畅销。所以销售人员在卖产品之前，一定要提炼产品的核心卖点，在见客户的时候，将核心卖点讲述出来，才能取得满意的结果。

某电器店打出巨型广告，上面介绍的是一款“三防”相机，即防尘、防水、防震。两位行人路过，一个行人看了说没什么感觉，因为谁没事摔相机，或者把相机扔水里？但另一位行人就赞叹连连："这个好，实在太好了！"第一位行人问："哦，那你觉得好在什么地方？"第二个行人说："我家孩子太淘气，总拿着我的相机跑来跑去，已经摔坏了两个，所以我要试试这个'三防'的，也许孩子把相机丢进浴缸都不会有事呢！"

这个相机的核心卖点就是"三防"，对有心购买相机的客户来说，无疑是很具有诱惑力的。

总之，成功的核心卖点就是：别人做不到，你能做到；别人不敢做，你敢做；别人做得好，你做得更好。这样才能真正打动客户。

那么，如何提炼产品的核心卖点，才能真正打动客户呢？

1.要充分了解客户的心声，给出最具吸引力的购买理由

当今社会，技术发达，虽然很多产品的突破和创新层出不穷，然而一进入市场，同质化竞争还是没有办法避免。面对这种现实，产品必须要有一个优于或区别于其他同类产品的卖点，才能让客户动心。销售，就是把产品的核心卖点提炼出来，并通过最有效的途径传递给客户，给客户留下与众不同的印象。

2.提炼产品核心卖点，必须根据产品本身，做到名副其实

虚假地鼓吹产品的销售员最后只会被认为是"骗子"。卖点永远不能代替产品，所以不能凭空捏造，必须建立在产品实物的基础上。另外，一个产品的卖点不会只有一个，一般来说将哪一点提炼为核心点主要是市场需求决定的，而不取决于产品自身实际功效的强度。

3.产品的核心卖点对客户来说必须有充分的说服力

卖点要有充足的理由支持产品核心概念，理由必须可信、易懂，不能用深奥、晦涩难懂、拗口的语言向客户表达。

4.产品的核心卖点一定要符合市场需求

市场需求或潜在需求最好是尚未被很好满足的或缺口很大的，这会节省许多宣

传成本。在提炼核心卖点的时候需要深入研究、发现、引导并满足客户潜在需求，不能想当然地觉得自己的想法就是市场需求。

5.核心卖点要有独特性，要尽量优于或区别于同类产品

跟别的产品一样的卖点就不是卖点了。核心卖点最好能够突出产品和企业的特色，让客户耳目一新。

6.产品核心卖点应该针对一定数量的客户，市场不能过分狭小

核心卖点应该针对多数客户或潜在客户，否则既浪费了提炼核心卖点所耗费的精力，也会降低产品获利的空间。另外，选择的客户群体最好是有购买能力、相对集中、容易锁定的。

客户不感兴趣？只是你没讲对卖点而已

在销售过程中，无论你从消费者的购买行为中获得多少收益，都应该以消费者为导向。你需要钱，但消费者不会因此来购买你的产品，他们之所以是你的客户，是因为他们认为需要你的产品，而不是因为你需要钱。

因此，如果客户对你销售的产品不感兴趣，你要想改变的话，需要做的是在销售过程中让客户感觉到你是在帮助他，为防止他出现差错或产生损失而提出建议。这时，产品最大的卖点，就是想办法让客户自己感觉到不买是不明智的。

黑人斯蒂凡经人介绍进入富勒公司做销售员。富勒公司是一家化妆品公司，以制造黑人专用化妆品为主要业务，是当时美国最大的企业之一。进入公司后，斯蒂凡被派往黑人聚居的地区推销化妆品。

因为黑人对化妆品都不感兴趣，所以再吸引人的宣传也没有用，必须拿出活生生的事实才能让他们信服。要想让黑人女性对化妆品产生兴趣，首先就要让她们真实体验到化妆前后的差别，刺激起她们想要打扮自己的欲望。

如何做呢？斯蒂凡想了个“先体验后买”的办法。所谓“先体验后买”，就是先让客户免费试用，感觉好再买，不好就算了。这无疑是要冒赔本风险的，斯蒂凡不敢擅自做主，于是向公司请示，希望得到支持。

他得到的答复是：不管采取什么方式都是他自己的事，只要产品能卖出去就行。斯蒂凡对公司无所谓的态度很生气，决定按自己的想法试一试。

斯蒂凡租了一架手风琴，在黑人居住区的街面上铺开摊子，先自拉自唱几首流行歌曲，待人们聚拢后，就开始介绍化妆品的功用，并慷慨地请大家随意试用。没想到，这种闯江湖卖膏药式的方法很有效。那些黑人女性对免费试用都很感兴趣，纷纷要求试用一下。

用这种方法，斯蒂凡逐渐打开了销售的局面。一个月后，这种推销方法给公司做了很有效的宣传。人们听说他的化妆品可以免费试用，都赶来看个究竟。

斯蒂凡的产品的试用者迷上了化妆品，她们感到再也离不开化妆品了。那些化妆品可以使她们变得更年轻、更美丽，不买无疑是太不明智了。就这样，许多女性宁愿在其他方面减少开销，也要省下点钱买化妆品打扮自己。

斯蒂凡成功了，他的成功之处在于他唤起了黑人女性对化妆品的兴趣，否则产品用处再大，效果再好，也无法勾起她们的购买欲望。“先体验后买”这种方法在当前商业社会已经是很成熟的销售方法，可在当时无疑是制造卖点的最新颖的方法。

这个案例告诉我们，当客户对产品不感兴趣时，要想改变他们的看法，最关键的就在于让他们自己觉得不买是一种巨大的损失。

那么，具体应该如何做呢？

1.先改变客户的看法

很多时候，客户并不关心你的产品是什么，他关心的是你的产品能干什么，对他有什么好处，有哪些帮助。所以，作为专业销售人员，应该通过独特的想法让客户改变不感兴趣的看法，而不是一味地把产品说个天花乱坠。

2.要让客户感到被尊重、有面子

每个人都有自己的想法和立场，在销售过程中，若强行让客户放弃不感兴趣的看法，完全接受你的意见，往往会使对方觉得很没面子。尤其是一些关系到个人喜好的东西，例如颜色、外观、样式，你绝不能将你的意志强加在别人身上。要让客户接受你的意见又感到有面子的方法有两种：一是让客户觉得重要决定都是由他自己下的；二是在小的地方让步，让客户觉得他的意见及想法是正确的。

3.体现出你的自信

方面，如果你用词坚定、比较自信，那么即使客户对产品不感兴趣，也会感觉你这个人比较可信，这也就表示事情还没有到彻底绝望的地步。另一方面，你的肢体语言也同等重要。如果你在与客户目光接触时表现得充满自信，那么不管你说什么总会让他感觉更可信。

避免晦涩，卖点要尽量说得通俗易懂

俗话说，“到什么山上唱什么歌”，向客户说卖点，要用客户明白的语言跟他们交流。如果用晦涩难懂的语言跟客户沟通，那可能会闹出笑话，甚至会直接失去客户。描述卖点的话应该通俗易懂，容易接受和理解，不要为了追求所谓的“高大上”，而说一些难于理解的词汇。

有一个年轻的销售员，到一个小村庄里推销保健品。通过村委会的关系，他把村民们聚集到了一起，然后就开始自己的推销演说：“各位亲们，神马都是浮云，健康最给力！所以，偶今天给大家带来一个给力的产品……”说完还不忘摆个“pose”，高喊一声：“大家看了后，要‘hold’住啊！”

结果，村民们听得是一头雾水，对其推销的保健品自然毫无兴趣，还纷纷笑话他滑稽的动作，把他当成笑料。

这个销售员尽管用的都是社会上最流行的互联网用语，卖点是健康，但是这些对于当时与互联网没有交集的村民们来说，却是最晦涩、最难懂的语言。假设销售员换成另一种说法：“各位父老乡亲们，假如没有健康，任何东西都会失去意义，健康是最重要的！所以，我今天给大家带来一个很有健康效果的保健产品……”这么一说，效果肯定和原先的不同，至少不会让村民们不明所以，更不会把他说的话当笑话。

所以说，一个销售人员在讲卖点时语言应该是通俗易懂的，针对不同的客户，说他们最能听得懂的话。

用通俗易懂的语言介绍卖点的过程，其实是一个和客户培养关系的过程，我们要抓住这个机会征服客户的心，在客户理解产品性能、特征和用处的时候，进一步加深与他们之间的感情，在互惠互利的基础上成交。

那么，怎样介绍卖点才能达到通俗易懂的效果呢？

（1）要避免用特别专业的语言。尽量少用或者不用专业语言来介绍产品的卖点，而用客户听得懂的方式来讲述。

（2）介绍卖点的时候要详细，要有耐心，不能一蹴而就，草草了事，因为这样达不到传递有效信息的作用。

（3）介绍卖点的时候，要加上简单的示范来帮助客户理解介绍的内容，条件允许的话，可让客户体验一下产品。有了切身的感受，他们便能更好地理解销售员所讲述的内容。

（4）认真观察，仔细倾听。在和客户交谈之前，可先观察客户的外表、言行、所处环境，以分析客户的特点，从而选择合适的说话方式和措辞。

（5）多与客户互动。介绍卖点时，不要自己一股脑儿从头说到尾，而要注意客户的反应。如果客户皱眉、摇头或者面无表情，销售员就要及时调整自己讲述的方式和重点。同时，在讲述的过程中，可以插入一些简单的提问，来调动客户的积极性。

总之，说卖点时重要的不是我们说话有多漂亮，而是看我们说的是否能让客户听懂。假如客户听不懂，再漂亮的卖点，也只是“瞎子点灯——白费蜡”。

巧用价格对比，让客户主动选择

“不怕不识货，就怕货比货”，在销售话术中运用价格对比的方式，可以马上让客户感受到产品的差异优势和独特卖点，从而促使他进行购买。

一位游客去山中游玩，经过一户人家时看到一位老农把喂牛的草料都扔到一间小茅屋的屋檐上去，他对此很好奇，便上前询问：“大叔，您为什么不把草料直接放在地上，而是要费劲把草料扔到屋檐上去呢？”

老农说：“这种草料的草质不好，我要是直接把草料放在地上，牛根本不会吃；但我把草料放到让它勉强可以够得着的屋檐上，它就会努力去吃，直到把全部的草料吃个精光。”

销售中的道理也是如此，越是便宜的东西，客户越是不感兴趣。“便宜无好货，好货不便宜”“便宜是个贵”等俗语讲的就是这个道理。假如你开的价格低得离谱，那客户就可能怀疑你这是劣质产品。所以单纯的低价并不是高明的销售之道，特别是对房子、汽车等一些价值含量高的产品来说。

毋庸讳言，销售的目的就是尽可能多地赚取利润，所以“让价有如割肉”，每一分一毛的让步都包含了销售员辛辛苦苦才能得到的利润。

在销售中，一个有经验的销售员经常会采用价格对比的方法凸显“物有所值”的观念，以此提示客户：假如真希望以低价成交，则只能得到质量较差的产品。同时借着暗示产品等级的营销手法，瓦解对方的价格基础，将议价的空间向上拉升，以达到高价营销的目的。这种方法，从心理学上看，抓住了人们不希望自己被认为只适用等级较低的产品的虚荣心理。同时，“一分钱一分货”的大众商业观念，将促使客户自动加价，甚至能以销售员的理想高价成交，这便是“产品比较法”的最大好处。

张女士到一家美容院去做SPA，美容师告诉她现在共有三种价格可供选择，分别是800元、600元和400元，而且现在店里有活动，所有服务都打7折。同时美容师又建议张女士说，因为肤质的关系，做600元的SPA较为合适，折扣后为420元。张女士随即还价，希望优惠到380元，美容师答道：“那您不如做400元的，7折后才280元，不过就只能得到400元的服务。”张女士衡量以后，最后还是加价，按美容师所建议的选择了600元的服务。

在这里，美容师就是用价格对比的方法，让客户主动选择了自己推销的服务。

每个人都有上街买衣服的时候，也应该都有这样的经历：看到一件款式很满意的衣服，一试穿，既漂亮又合身，于是在对销售员询价后立即出价。但一般在你出价后，销售员马上又会从其他衣架中取出另一件衣服，对你说：“这件衣服也不错，价格刚好适合您；但一分钱一分货，料子会比您手上那件差一些。”

谁会轻易就放弃自己中意的东西呢？何况质量还比其他的好。于是，你议价的想法就这样被打消了。如果你真的喜欢自己第一眼所见的衣服，即使想议价，也不会再“狮子大开口”。销售员就这样成功地运用了价格比较法。

房产中介小薛在销售一套二手房的时候也成功运用了这种价格比较法。

一位客户在小薛的带领下看中了一套二手房。看房后，客户对房子的各个方面都比较满意。进入议价阶段，客户说：“我在附近另一家中介店看到一套差不多的房子，不过人家才卖80万而已，同一个小区，同档次的装修和物业管理，为什么你们这边这么贵，要卖90万？”

小薛说：“那您希望价钱是多少，诚意要买的话？”

客户：“75万元好了，我觉得这个价钱比较实在！”

小薛立即答应说：“好！就这么说定了，马上就可以成交！而且我还可以再给您优惠2万。不过是对面那套房子。那套面积比较小，但价钱比较适合您，您就来那套好了。”

客户听后，有些生气地说：“我问你的是这套，你却答那一套！”

小薛微笑着说：“出这种价钱，只能是对面那一套，那一套和你说的那套房子才是基本一模一样。我们两家离这么近，您不会以为您说的那个价位的房子我们不知道是什么样子吧？”

客户只好问：“那这套到底多少钱可以卖呢？”

这时小薛知道，对方无形中已经在心里加价了。小薛对原价位的坚持获得了预期的胜利，剩下的工作只是做些小幅度的“让价”罢了。

最后，小薛以85万元的价钱将那套房子卖给了客户。

需要指出的是，在运用价格比较法时，即便自己强烈地不认同对方的价格，但在表达方式上也要做到尽量温婉平和；必须要让客户感觉到，你所不赞成的只是他的价格，而不是在针对他这个人。如果你在表达方式上有所不当，伤了客户自尊心的话，就不但做不成买卖，还会得罪客户，这是运用此法的大忌。

机智转换，卖点不行换“买点”

卖点的重要性我们说了很多，其实在销售中，不仅有卖点，还有“买点”。优秀的销售员必须能区分清楚这两者，并机智转换，在卖点不行时就要推销“买点”。

某服装店里来了两位女客户。销售员丽丽和小美赶紧迎了上去。

丽丽一眼就认出其中一个是店里的老顾客芳姐，赶紧微笑着走上前去地说：“芳姐，好久没见啦！你现在都成了稀客啦，难得过来一趟。”小美见状也赶紧热情打招呼：“芳姐，好久不见。”

芳姐一看店里的导购都认出自己来了，又对自己分外热情，觉得很有面子。和芳姐一起来的顾客看了看这两个热情的导购，挽着芳姐笑眯眯地说：“看来你真是这个店的贵宾啊！”

芳姐赶紧把她拉过来说：“你们看好了啊，这是我的闺密，肖老师，大学老师。今天你们要服务好她哦！她要到哈尔滨去开会，所以今天啊，主要是帮她选衣服，你们好好推荐一下。”

随即，小美赶紧开始给肖老师推荐了一套深色的正装。刚好这会儿店里没什么顾客，丽丽就热情地和芳姐聊着天，同时热情鼓励芳姐试穿一下刚上的新款衣服，但是芳姐说：“今天是肖老师买衣服，我是陪着她来逛街的。你们帮她挑就行了，我下次吧。”丽丽仍没有放弃，继续和芳姐有说有笑。

这边，小美推荐的第一套衣服，肖老师并不喜欢，她说家里都是这样的衣服，没感觉。小美又赶紧推荐了一款亮色波点衬衣，说是今年流行的款式，花型时尚，板型一流，价格适中，面料舒适。肖老师看了看，没说什么，看上去似乎也不太感兴趣。

这时，一个很有意思的场景出现了。两个导购，分头服务两个顾客。小美一直在给肖老师卖力地介绍产品，对于每款产品的卖点，她都介绍得不遗余力，妙语连珠。但肖老师总是紧皱眉头，一言不发，似乎总没有推荐到她的心里去。推销过程一度陷入冷淡和尴尬，只剩下小美为了打破冷场独自介绍不停。而另一边，丽丽和老顾客芳姐的沟通却非常顺畅，两个人都是极其高调热情的人，也不知道是在谈论什么有趣的话题，嘻嘻哈哈的，笑声接连不断。小美针对肖老师的销售工作，似乎越来越艰难了。

这时，肖老师的手机响了，于是她借口说有事，拉着芳姐就走了，留下丽丽和小美面面相觑。

在销售过程中，销售人员要向客户分析产品的卖点，针对客户需求，进行有选择、有目的的说服。但很多时候，你所谓的卖点，并不一定能打动你的客户。真正能打动客户的，是客户内心关注的“买点”。你即便有再多卖点，如果客户不关注、不需要，那也没用。而对于客户关注的“买点”，即使你只能满足一个，也有可能最终成交。

在上述案例中，客户的“买点”是什么呢？我们来分析一下。

首先，顾客芳姐一来就表明，是帮肖老师选衣服，而非自己。真正有明确购物需求的是肖老师，而非芳姐。其次，肖老师的需求是到“哈尔滨开会穿的衣服”。所以，针对这些需求，导购丽丽应该鼓励芳姐一起帮肖老师挑选衣服，并且用她的意见来影响肖老师，巧用关联人之间的关系，相互施压，也许就成交了；而不是只顾着和芳姐聊天。虽然他们聊得很开心，但对销售没有丝毫帮助，还让肖老师觉得受到了冷落。

另外，既然是帮肖老师选择到哈尔滨开会穿的服装，那导购小美所推荐的产品都应该跟这个首要需求挂钩，并且句句不离对方的需求。例如："这外套适合您，哈尔滨那边冷。""这个面料适合出差，不容易压皱，刚好您出差。""这个风格很适合正式场合，刚好您去开会，与您的身份再适合不过了。"如此种种，推荐每款衣服的时候都切合对方的需求，并且不断强化，让对方也觉得这就是最符合她目前需求、符合她"买点"的产品，这样做成交就不难了。

由此可见，在销售工作中，卖点不行时，就要换"买点"。要找到不同类型客户内心真正关注的不同的需求点，要进入客户的"频道"，把握客户的节奏，抓住机会成交。

权威也是卖点，巧用"权威效应"

在我们的生活中，人们对地位高的人提出的意见和办法会产生认同的心理，而对地位低的人提出的同样意见和办法多数情况下会拒绝，更不会去执行。这就是心理学中的"权威效应"，所谓"人微言轻，人贵言重"，讲的也是这个道理。

"权威效应"的普遍存在，首先是因为人们有"安全心理"，即人们总认为权威人物的话或行为往往是正确的，服从他们会使自己有安全感，增加"保险系数"；其次是由于人们有"赞许心理"，即人们总认为权威人物的要求往往和社会规范相一致，按照权威人物的要求去做，会得到各个方面的认可和赞许。

在销售中，如果能够巧妙地应用权威的引导力，让权威成为卖点，就能对销售起到很大的促进作用。例如，许多销售人员在进行销售的过程中，往往强调这个商品形象代言人是某某知名人物，或者拿出一些有影响力的机构认证书来突出自己的商品，以达到增加销量的目的。

李杰是做体育器械销售工作的。一次，他约见了一位客户，对方要求他第二天早上9:30准时到公司，并带上详细的资料。在电话中，李杰发现客户是个要求严格的人，属于比较难对付的类型，于是去之前做了比较全面的准备。

到客户公司后，因为准备充足，所以在向对方介绍产品的时候，李杰说得很精彩，在对方询问时也回答得很到位，还把对方的意见用笔记本记了下来。客户很满意，觉得李杰是一个细心稳重的人。

可即便如此，在交谈中，李杰还是发现客户对自己的产品有所怀疑，无法完全信赖，最后客户只是说再考虑考虑。

优秀的销售员决不会就此轻易放弃。李杰开始思考：到底是哪里出了问题，让客户无法下定决心呢？在左思右想没有头绪后，李杰只好向经理做了汇报，并寻求帮助。具有丰富实战经验的销售经理只回答了一句话："等会儿有一份资料发到你邮箱里，你拿给客户看。"

李杰收到邮件后，再次约见客户，并把资料拿给对方看。客户看过后，没有再犹豫，立马决定签约。

原来，那份资料是李杰公司与客户所在行业中某家龙头企业的合作报告，并附带了该行业内权威专家的评价。客户看到这些极具权威的资料，终于消除了疑虑，放心地做出了购买的决定。毕竟有那么多权威的推荐和认可，自己也就没有什么不放心的了。

在销售活动中，权威的号召力和引导力确实会对人们的消费选择产生很大的影响，是一个很好的卖点。不过，销售人员要合理地应用这种权威，绝不能贪图利益，弄虚作假，以此来欺骗客户，否则一定会事与愿违。

第三章

挡住借口就是留下销售的“活口”

销售员肯定会遇到客户的各种借口，无法挡住这些借口，就很可能会让到手的客户“飞走”。只有采取正确的应对措施，挡住客户的借口，才能为销售留下“活口”。

“让我考虑考虑吧”，千万别急着走

在销售员把产品质量、价格、售后服务等介绍完之后，有的客户往往会说：“让我考虑考虑吧！”这样的拖延之词听起来确实很合理，但是大多数时候仅仅是个借口，是个打发你且又不失尊重的借口。

但凡有经验的销售员在听到“考虑考虑”的时候，都不会急于离开，而是继续与客户沟通，努力找出客户的破绽来。因客户要“考虑考虑”而使销售失败，不能全怪客户，只能怪销售员自己经验不足。

俗话说：“趁热打铁。”销售也是一样的道理。假定客户说“让我考虑一下”，则表示他有拒绝购买的意思。在此反对意见刚萌生之际，你必须立即动手，将其消除，一定不要将话头打住，否则待其滋长下去，客户购买欲越来越淡，生意就真的做不成了。

那么，当客户以“考虑”为借口时，销售人员该如何正确应对呢？

1.优惠法

即给客户一个优惠，使他们不能再拖延下去。比如许多销售员以“节假日优惠”“当日有效”“当次有效”等条件，给消费者“回扣”或“折价”，以促进成交。

2.比较法

将客户拖延下去的好处和坏处加以比较，客户的心中就会清楚，不愿再拖延了。一般来说，通过好坏比较，可知好处很少，而坏处甚多。销售员可将客户拖延下去的好处和坏处都写在一张纸上，进行对比，用数字比较更具说服力。客户了解之后，就有可能做出立即购买的决定。

3.过期作废法

销售员可以陈述拖延下去的坏处，比如供应可能会中断，价格可能会上涨，型号可能会有所改变，交货期不能保证等。例如，销售员可以诚恳地对客户说："先生，我们不能保证以后还能向您提供跟本次一样的商品和条件，请您想一想再做决定吧。"这样，客户因担心以后不能以如此优惠的条件买到产品，就不会再拖延了。

总之，当客户以"考虑"为借口时，销售人员应设法摸准客户的考虑点是什么。找到客户的考虑点之后，销售人员要站在客户的角度思考问题，与客户共同探讨解决问题的方法。最终的决定权固然掌握在客户的手中，可但凡成功的销售，几乎都是由客户与销售人员共同来决定的。特别是最后的购买决定，大都是在销售人员与客户面对面的沟通中达成的。销售人员要尽量避免把最后的决定交给客户独自完成，特别是你不清楚客户还要考虑些什么的情况下。

"我很忙"是真的很忙吗

销售人员在联系客户时，对方往往会很不耐烦地说"对不起，我很忙""我没时间""我这会儿抽不开身"……

一般而言，客户说"我很忙"，也许是真的很忙，但更有可能是他为拒绝而找的借口。假如你对客户的话信以为真，回答说："好吧，那等您有时间我再联系您！"那么，你很可能永远也约不到这位客户了。正确的做法是，学会为客户创造时间，争取销售的机会。

下面，我们来看一位电话销售员是如何为自己争取到谈话的机会的。

销售员："马经理，您好，我是××公司的销售员小王，您现在方便说话吗？"

马经理："有什么事，请说。"

销售员："我们公司有一款产品非常适合你们……"

马经理："我很忙，有空再说吧。"

销售员："马经理，我知道您忙，但是我们这个产品能减少贵公司不小的损失。我只需要占用您5分钟时间，我相信您一定能挤出5分钟，而这5分钟给贵公司带来的价值可能是不可估量的，您说呢？"

马经理："我现在真的很忙，要不你下星期再联系我？"

销售员："马经理，您手边有日程表吧？我们干脆现在就敲定一个时间，怎么样？下星期二早上10点方便吗？还是下期三早上比较好？"

马经理："我不确定下星期二会不会到外地出差。"

销售员："这样吧，马经理，我们现在先确定一个时间。如果您临时有事，我们到时再改时间。"

马经理："那就下星期三上午吧！"

销售员："好的，谢谢您为我牺牲您宝贵的时间，我一定准时联系您！"

在这个案例中，尽管客户以忙为理由对销售员百般推托，但销售员并没有放弃，他凭借着机智与坚持，灵活地创造时间，最终成功地约到了客户。由此可见，客户说忙并不意味着我们就完全没有希望了，关键是要学会为客户创造时间。

那么，在客户说"忙"的时候，销售员具体该怎么应对呢？

首先，迅速辨别真假，看客户究竟是"真忙"还是"假忙"。如果客户实在是太忙了，比如销售人员一看到对方电话不断，或者打电话时，听到对方所在的地方人声嘈杂，就该明白对方确实很忙。这时就应该主动停止，委婉地留下下次再说的“声明”。

其次，礼貌地要求洽谈时间。假如客户是以“我很忙”为借口，销售员应该礼貌地要求洽谈时间，并主动限制洽谈时间，让客户在心理上产生不浪费时间的感觉，这样客户才可能愿意抽出几分钟时间听你的话。否则，客户就会产生“这个人不知要跟我说多久”的心理而不愿与你交谈。比如，我们可以这样跟客户交流：

客户：“对不起，我很忙，暂时抽不出时间。”

销售人员：“那打扰您了，真是不好意思。这样吧，3分钟，请您抽出3分钟时间听我说几句，好不好？说完我马上就走。”

再次，明智而适时地离开。如果客户实在是太忙了，销售人员宁可先说“打扰您真抱歉，那我就改天再来拜访好了”，也不要等面前的客户厌倦地表示“我说不要就是不要”之后再离开。明智而适时地离开是最好的办法。虽然你不能立即开始推销，但有意义的是，你已经说过“改天再来”，这不仅告诉你自己，更告诉了客户：“不久以后，我会再次登门拜访的。”同时，一定要牢记，离开时态度要好，不可令对方感到厌烦。

预先堵住“没钱”的借口

“没钱”是肯定交易不了的，钱是销售成功与否的关键，所以当客户想拒绝的时候，“没钱”便成了一个特别厉害的挡箭牌。假如客户说：“实话实说，我们眼下还没有钱买。”大多数销售人员听了这种借口，便轻易被迷惑，一下子泄了气：“唉，没钱不是白费口舌？算了吧！”

如果这样做那就大错特错了，你会平白放过许多成功的机会。因为，客户口中的“没钱”是极富弹性的，很可能只是一种借口。假如被这种借口所迷惑，你就难以创造出优于他人的销售业绩。

如何对付“没钱”这个借口呢？最好的办法就是采取迂回战术，不能强攻猛打。

所谓迂回战术，就是避免与“没钱”的借口正面交锋，上策是要在客户提出“没钱”的借口之前，就预先堵住这个“借口”，让他说不出“没钱”二字。

一位业绩卓越的奢侈品销售高手谈到他的经验时说：“我的前辈经常教导我，要了解奢侈品的本质。奢侈品不是生活必需品，不是大众化的便宜货。所以，在销售时就要狠下功夫，利用赞美的语言、拉家常的方式，让客户燃起对品位的追求，而不去斤斤计较于价格。

有一次，这位销售高手向一位外向型的太太推销一款奢侈品包包，对方开始是拒绝的。在沟通中，销售高手突然发现她家门厅里有一只精美的女用网球袋，立刻计上心头，话锋一转：

“这网球袋是您的？”

“是啊！”

“真漂亮。请问，是在哪买的？”

“这是我去年观看上海网球大师赛时买的，是美国进口的。”

“原来不是国内产品，我还没见过这么漂亮的球袋呢！”

“是呀，为此我花了不少钱。”

网球一般来说是富裕阶层的娱乐活动，这位销售高手听着她眉飞色舞的谈论，便知道这位女士并非没钱，于是找到一个适当时机便说：“是的，这种网球袋可不是便宜货，一般工薪阶层可用不起。”一句话正中下怀，让对方听得既高兴又自豪，嘴上自然也说不出“没钱”了。

这就是巧妙地让客户把还未说出的“没钱”咽回去的方法，好比医学上强调的“预防重于治疗”。“没钱”的借口消失了，购买的理由保留了下来，成交的可能性自然会大大增加。

客户说“价格太高”时，多强调产品的价值

“价格太高”应该是销售员在销售中听到次数最多的一个借口。遇到这种情况，无论如何，销售员应该耐心与客户做充分的沟通，运用优秀的话术重点介绍产品的优越性能。例如，你可以告诉客户：“先生，价格问题，待会儿我们可以专门来讨论，现在我想介绍一下我们产品的特色。”

销售员还可以将一些客户认为价格高的产品跟另外一种价格更高的产品做比较，那么，你所向客户推销的产品价格就显得相对低些。所以，销售员要经常收集同类产品或竞争对手的价格资料，以便必要时进行比较，从而通过事实来说服客户。

另外，大部分人都有一个认识误区，那就是销售员主动推销的产品价格都贵。销售员应该让客户知道，这种认识是没有道理的，因为人们往往忽视了这种主动推销所带来的高质量的服务。主动推销可以让客户足不出户就可以进行愉快的购物；主动推销可以让客户同销售员面对面地亲切交流，享受一种轻松和谐的气氛；主动推销可以让客户对产品、对市场信息有深入、全面的了解。

之后，要从各个方面去充分展现和证明该产品的质量，还要抓住有利时机向客户说明，购买物品最重要的是质量，一分钱一分货。要使客户在了解了产品的优点之后，得出以高价格买高价值产品是划得来的结论。有时还可以采取分解价格的方法，说明每一部件或每一优点值多少钱，避开总价格，使客户感到购买该产品即是购买许多优质特性，从而给人以物有所值的感觉。在现代销售中，销售员还可以采用分期付款的方式，以潜在买主的收入做担保，分期分批付款，减缓一次性支付的压力。另外，不要忽略售后服务的问题。周到的服务、遍布各地的维修网络、良好的信誉会给潜在买主一种安全感、可信感。

有些精品、名牌产品价格的确比较高，客户一时难以接受，销售员这时可以把自己的优势产品与一些一般的竞争产品放在一起做比较，借以强调所销售产品的优点，并教客户辨别产品的真伪。经过一番示范比较，客户关于此方面的异议可能会马上消失。不要小看此时你做的努力，虽然这一次他没有买，但你不能保证他不是下一个潜在的客户。

“以前用过，但不好”，找出原因并耐心应对

对销售员而言，当客户说“以前用过，但不好”，的确是一件比较尴尬的事情。面对这种情况，销售员必须保持沉着冷静的态度，然后用巧妙的话术去化解。

你不妨对客户这样说：“你是曾在这类产品上有过不愉快的经历吗？那可以对我说说，造成这种不愉快的原因是什么？是产品本身，还是服务问题？”等客户把不愉快的情绪发泄出来后，再冷静地帮他做分析。

你可以向客户说明：“你说的这种的情况现在已经有了很大改进，所以您看是否应该把购买的决定建立在现在的产品上，而不是曾经的经历？”也就说，从产品发展的角度消除客户的疑虑。此时，客户可能还会提出很多问题、意见或不清楚的地方，销售员回答时要沉着冷静、胸有成竹，使客户感到你的回答是可以理解的。这样不仅解答了他的疑问，还让其内心感到舒服、满意；不仅能平缓气氛，同时又给客户以安全感。而后再征询客户的意见，比如还有什么不满意的地方，如果客户无异议，就不要老纠缠此类问题，要尽快进行深入的谈判，因为面对面销售的时间是有限的。

有时候，客户以“用过但不好”为借口，不是因为产品本身，而是因为服务不到位，比如与之前的销售员或者售后服务人员有不愉快的经历。这时销售员可以许诺对方，经过认真的调查研究后会做些适当的补救。当客户与你的公司发生过不愉快时，你往往只有一个办法来补救，那就是不断地去拜访他，直到客户确信你及你的公司是好的、信得过的，不再为某一次误会而求全责备。事实证明，成千上万的老客户都是被坚持不懈地使用这种技巧的销售员重新拉回来的。

所以，只要你能以一种关心、热诚的态度帮客户解决问题，再以乐观的个性来感染他们，事情自然就好谈多了！

下面，我们总结下应对这个借口的方法。

其一，询问客户，“不好”是指哪个方面不好。要了解是产品或服务真的不好，还是对方以此为借口。进行有效的沟通，看一下是不是有其他的原因引起客户对产品反感。

其二，如果产品真的出现什么问题，及时向公司或上级反映。搞清楚是质量问题还是其他的什么问题，然后与客户沟通，并向其解释，做出道歉。如果不是产品的质量问题，就要向他询问是不是由于价格或者其他的人为因素而引起，并与其深入沟通。

“过段时间再买”，那就有今天买的可能

在销售过程中，很多销售员都遇到过类似这样的问题：客户对产品很满意，最后却又表示暂时用不上，过段时间再买。

不难发觉，这是一种比较礼貌的借口，但真实的意思就是“不”，就是让你走开。要克服这个借口，你必须找出障碍究竟在哪里，例如：客户真的不需要你的产品或服务吗？有别的竞争对手吗？是不是价格太高了？客户有购买能力吗？有经验的销售员都知道，如果客户过段时间真的会买，那他今天就可以买。客户没有当时就买，其原因很多时候只是因为销售员放弃了，没有坚持。

来看下面这个案例。

某电子机械公司的销售员小梁正在为失去一份订单而烦恼。具体的销售经过是这样的：

客户：“先这样吧，我暂时不需要，过段时间再买。”

小梁：“桑经理，这款机器已经降价8万了，这个价格以后再也不会有了。”

客户：“我也是个生意人，不需要的东西再便宜我也不会买，还是过段时间再说吧。”

小梁：“桑经理，之前咱们谈的时候，你不是对这款机器挺感兴趣吗？为什么改变主意了呢？”

客户：“市场不景气啊，我们公司需要缩小生产规模。因此，原计划购买的机

器设备只能取消了。”

小梁：“桑经理，正是考虑到您这种情况，我才特意向总公司申请为你优惠8万，现在你取消的话……”

客户：“这价格也不算低……”

小梁：“桑经理，赶快做决定吧。你看，咱们都是老朋友了……”

……

最终，客户并没有购买小梁的机械设备。

其实，客户所说的“过段时间再买”，大多是借口，因为这句话本身就有点自相矛盾：一方面需要，一方面又暂时不需要。对此，销售人员应该明确客户的真实意图，从而将这一异议化解。上例中的小梁就是因为没有识别出客户“过段时间再买”的借口中隐含的真实意图——需要更大的优惠，才致使成交失败的。假如小梁能在可以接受的范围内给予客户更大的优惠，就能够充分地满足客户的心理，如此一来，双方的交易很可能就达成了。

事实上，客户很多时候就是这样，为了能够得到更多的优惠，往往以“过段时间再买”为借口。假如销售员能从谈话中弄清楚客户的真实想法，然后再采取切实的措施，一般都能够化解客户的异议。

那么，具体而言，应该采取哪些措施呢？

1.增强客户对产品需求的迫切性

“过段时间再买”表明客户对产品并没有持否定的态度，但也表明客户的需求可能并不是那么迫切。所以，当销售员了解了客户的这种心理之后，就可以判断出客户心中的天平正在“买”和“不买”之间摇摆。这时，如果销售员在“买”这个托盘上加一个砝码，客户就会倾向于“买”了。如何做呢？这就需要一定的销售技巧，让客户认识到购买产品的必要性、迫切性。

比如，上例中小梁可以这样对客户说：“桑经理，是这样的，优惠8万元，你可能还是不太满意，但更换机器设备的事并不能仅仅用钱来衡量吧？比如，您用我们这种新机器去生产，可以大大提高生产率，使您在较短的时间内就能达到生产目标。正如您自己说的，现在整个行业都不景气，谁抢先一步占领市场，谁就将获得更大的市场份额。”

2.重点强调产品的附加值

客户之所以说“过段时间再买”，很可能是因为这种产品在他们看来还没有足够的吸引力。要想使其尽快下定决心，就必须想办法增大产品的附加值，而且强调这种附加值是有时效性的，随着时间的推移，这种价值将会越来越小。比如，销售员可以向客户强调，客户购买产品之后，可以免费接受产品操作培训等。这在无形中就增加了产品的附加值。要知道，有时候客户看重的恰恰是产品的附加值。

“满意目前正在用的”，给出更好的选择

所谓“习惯成自然”，当客户一直使用一种产品时，要想让他更换产品往往比较难，比如有些女性一直都在使用一种品牌的化妆品，一些父母喂孩子喝的都是一种品牌的奶粉。

客户说：“我对目前正在用的产品很满意，不想换。”这意味着什么呢？这无疑是一个借口，但也是一个很好的突破口，因为至少我们可以肯定客户有使用这种产品的需求。

面对这样的借口，作为销售员通常可以用肯定性的结果来应对。比如，可以这样说：“是的，我非常能理解。不过，我肯定您不想错过多一个选择的机

会……”或者说：“多几个选择不好吗？你可以有一些比较的机会，比如在价格或者品质方面……”

来看看下面这位销售员是如何巧妙应对这个借口的。

销售员：“请问你需要买我们的那套三居室吗？”

客户：“不需要。”

销售员：“为什么？”

客户：“我有一套三居室了。”

销售员：“那么你住了多长时间了？”

客户：“住7年了。”

销售员：“你住得很满意吗？”

客户：“很满意。”

销售员：“住高层之前，你住的是什么呢？”

客户：“住的是一个小户型一居室！”

销售员：“当初从一居室到三居室，你是怎么考虑的？”

客户：“一个是为了改善居住环境，一个是孩子的教育问题。”

销售员：“是啊，7年了，你的孩子也渐渐长大，自尊心逐渐增强了，我们的房子环境相当优越，下面是大花园，上面有大露台，社区容积率还特别低，难道你不想再次改善下居住环境吗？”

对于初次的交流，客户很满意，在去看了房，经过几次深入交流后，他最终选择买下销售员推荐的三居室。

由此可见，客户的使用习惯虽然不易改变，但并非完全没有改变的可能，只要销售员遵循一定的规则，使用一定的技巧，达成交易就并非难事。

具体做法可参考下面几点：

首先，按照人际关系策略，销售员应对客户的习惯表示尊重，千万不要攻击或者非议客户目前正在用的产品，同时也应鼓励及争取客户对自己产品表示兴趣。

其次，要搞清楚客户对目前所用产品的满意点。可询问有关品质、服务、可靠程度等，借以发现其满意中的漏洞，就如上例中销售员所做的那样。然后，再列举更多较佳理由，促使客户改变主张。换言之，就是让客户相信，如改用我们的产品或服务，必可获得更大利益，而且更满意。

再次，可采取折中方案，劝客户适当购买自己的产品，以和客户用的产品达成良好补充，且令其相信好处更多。一旦客户答应交易，则以后可慢慢争取其完全改变。

第四章

当客户拒绝时，你可以这样说

在销售过程中，遇到客户拒绝是不可避免的，这是做销售的一种挑战。事实上，拒绝往往是成交的开始，关键要看你如何应对客户的拒绝。

先了解客户拒绝的原因，再寻找突破口

在销售行业，有一句话是这样说的：“销售工作之所以挣钱多，就是因为被人拒绝多。”被拒绝对销售工作来说是家常便饭。也正是因为这个缘故，很多销售员退缩了，甚至遗憾地离开了这个极富挑战性的职业。

被拒绝当然不好受，但作为销售员，一定要面对和战胜拒绝。我们应该认识到，客户的拒绝很多时候并不是因为真的不需要你推荐的东西，而是因为他们面对销售员时有一种习惯性的拒绝。你应该注意分清哪些是真的拒绝，哪些只是习惯性的拒绝。对那些习惯性的拒绝，把它当成打招呼好啦。而对于真正的拒绝，销售员首先要做的就是了解客户拒绝的原因，再寻找突破口。

具体而言，客户拒绝销售员的理由主要有哪些呢？

1.购买欲望不强烈

客户的购买欲望不强烈，自然会选择拒绝。这是最考验销售员勇气、智慧和销售话术的时候，首先要排除“不需要”这一最不利的因素，才能促进成交。也就是说，作为销售员，不要被“不需要”挡在门外。

事实上，客户的购买欲望是完全可以被激发的。他之所以拒绝，可能是因为他过去的生活中并没有使用这个产品的经历。真是他不需要吗？不，我们完全可从客户的将来着手，更深一步地改变他的观念，从而激发出他的购买欲望。

2.客户的需求得不到满足

客户的需求不能被充分满足，因而无法认同你提供的产品。销售员需要明白一个道理：客户只选择他们想要的东西，其他的东西即使是物美价廉，如果他们用不着，也就对他们完全没有意义。

3.没有购买决策权

客户有了购买的想法，对价格也能接受，那么剩下的问题就是谁能拍板决策。了解了这一点，才能有针对性地做销售工作。当然，销售员一定要锻炼自己，使自己具有敏锐的观察力，这是获得销售成功的关键。

有一位卖空调的销售员，精明能干。当他第四次拜访一家单位的负责人时，受到了对方的欢迎，两人谈得很投机，最后对方表示先买一个中央空调。谈了好久后，这位销售员起身去卫生间。当从卫生间出来走在走廊上时，他看到一个老人威严地对那位负责人说："买什么买！那个销售员来过我们单位几次了，今天又来了，每次看见我连个招呼也不打。"原来，这位他从没多加留意的老人才是真正的拍板者。最后，这单生意自然没有谈成。

4.客户不愿改变

大多数的客户对改变都会产生抵触情绪，而销售员的工作具有带给客户改变的含意。比如，从目前使用的甲品牌转成乙品牌，从目前可用的所得中拿出一部分购买未来的保障等，都是要让你的客户改变目前的状况。有些客户在接受你的产品之前，喜欢凭过去的经验、体会来评价产品的优劣。他们养成了固定的消费习惯，不易受外界因素的干扰，也不会轻意为产品的某一特点所动。这时就需要你能打动他们的心。他们一旦对你的产品产生好感，同样也不会轻易改变，或迟或早总会实施购买行动。

5.客户情绪不好

客户的情绪蕴藏着商机，是激发客户购买行为的重要因素。销售人员准确把握、引导客户的情绪，让客户从感情上产生需求，与客户建立良好而稳定的感情联系，将有利于销售工作的开展。但当客户情绪不好时，根本没有心情进行商谈，此时就很容易产生拒绝。

6.销售员自身因素

客户拒绝的原因还可能是因为销售员的自身因素。比如，说话不恰当，造成客户的曲解或者误解；说话不清楚，导致客户没有详细地了解你的产品与服务的优点；说话不注意细节，给客户造成心理上的不舒服，使得他抛弃利益上的考虑，拒绝你的成交请求。这些自身因素销售员必须要注意，不要让这些很小的自身问题妨碍了销售业绩。

“享受”客户的拒绝，才能战胜客户的拒绝

在销售过程中，面对客户的拒绝，选择以何种心态面对，产生的结果会截然不同。这里提倡的是“享受”客户的拒绝。

“享受”客户的拒绝，是指当销售员在遭遇到客户拒绝之后，放下包袱，享受拒绝给我们带来的好处，从而把不利变为有利的方法。“享受拒绝”是一种良好的心态，同时也是一种把困难和挫折通过正面思考转换为对我们有利的条件的方法。

被拒绝是成功的开始，我们要怀着必胜的信心勇敢面对拒绝并向拒绝挑战，不断地从拒绝中吸取经验教训，不气馁、不妥协，学会“享受拒绝”，这是销售员应学会的重要一课。

费力曾经是一家报社的职员。他刚到报社当广告业务员时，对自己很有信心。

他向经理提出不要薪水，只按广告费提取佣金的请求。经理答应了他。

于是，他列出一份名单，准备去拜访一些很特别的客户，这些客户都是以前招揽不成功的。在去拜访这些客户前，费力把自己关在屋里，站在镜子前，把名单上的客户念了10遍，然后对自己说："在本月之前，你们将向我购买广告版面！"

费力怀着坚定的信心去拜访客户。第一天，他和20个"不可能的"客户中的3个达成了交易；在第一个星期的另外几天，他又成交了两笔交易；到第一个月的月底，20个客户中只剩一个没有买他的广告。

在第二个月里，费力没有去拜访新客户。每天早晨，那个拒绝买他广告的客户的公司一开门，他就进去拜访这个客户，而每一次，这位客户都回答说："不！"当这位客户说"不"时，费力就假装没听到，然后继续前去拜访。到那个月的最后一天，对费力已经连着说了30天"不"的客户说："你已经浪费了一个月的时间来请我买你的广告。我现在想知道的是，你为何要坚持这样做。"

费力说："我并没浪费时间，我是在学习，而你就是我的老师，我一直在训练自己享受拒绝的精神。"那位客户点点头，接着费力的话说："我也要向你承认，我也要向你学习，你已经教会了我坚持到底这一课。对我来说，这比金钱更有价值。为了向你表示我的感谢，我要买你的一个广告版面，当作我付给你的学费。"

费力完全凭着自己"享受拒绝"的精神达到了成功的目标。

对于销售员来说，遭受拒绝是很常见的事。既然是很常见的事，是每个销售员所必须面对的事，那么就把这种拒绝当作是一种财富吧。因为无法避免被拒绝，那么就看到它的积极作用。

在销售员的心里，一定要有这样的意识：遭受客户拒绝不是失败，而是成功的一部分，同时也正是拒绝赶跑了自己的竞争对手。你和其他的10个销售员去向同一个客户推销相同的产品，第一次被客户拒绝了，还有5个人留下来；第二次被客户拒绝了，还有3个人留下来。那些销售员都在被拒绝之后走了，也就意味着你的竞争对手少了，这时候要是你还能够坚持，那么你离成功就越来越近了。

同时，每一次的被拒绝都是一次锻炼。当被客户拒绝时，我们不要只把它当作一次挫折，要从失败中寻找原因，了解这次被拒绝是因为什么。我们要去回顾自己从约访到最后被拒绝的整个过程中，搞清楚是否在哪一个环节出了问题。如果你不知道，你可以向客户请教。当你去问客户的时候，你不但会了解到你被拒绝的真正原因，说不定还会给销售带来“逆转”的奇迹。

那么，销售员应该怎样去“享受拒绝”呢？

1.把每一次被拒绝看成是还“债”的机会

每个人在这个世界上都有两重角色——买家和卖家。当你在做销售工作的时候，你是卖家，那你当然要遭受一些拒绝。同样，当你是买家的时候，你也会拒绝别人。当你拒绝别人向您兜售保险的时候，你其实是给了别人一个“受难”的机会。那么当你被别人拒绝的时候，其实也是别人给了你一个“受难”的机会，相当于你还了一次“债”。如果你这样想的话，就不会对每次的拒绝那么耿耿于怀了，因为这样的还“债”是理所当然的。

2.客户现在拒绝你，并不意味着他会永远拒绝你

在每次销售之前，不能过于心急，不能想着“一口吃个大胖子”，一步步走，每一步走好了，成交的结果就自然来了。从准备、开场、挖掘需求、推荐说明一直到成交，这每一步中都可能会遭到拒绝。但这些拒绝不代表一直都会存在，只要你保持乐观的心态，准确把握客户的需求，适当地解释清楚，那这些障碍就是暂时的。很多销售员在销售时爱犯的一个毛病就是每一步都向客户发出非常强烈的要求成交的信号，反而吓跑了客户。这就好比炒菜，火候未到就开始起锅上菜，那菜还能好吃吗？

3.对客户的有些拒绝不要信以为真

通常有些客户对并不了解的东西，最习惯的反应就是拒绝。拒绝对他来说，就

是一种习惯。还有些客户的拒绝，往往是需要进一步了解你的产品的正常反应。所以，你不要太相信这类客户的话，只需要抱着坚定的信心继续走下去就可以了。

4.相信被拒绝一次就离成功更近了一步

一个人要想成功，除了努力付出之外，还需要时时进行自我激励。这种自我激励是困难时的助推器，它能推动你义无反顾地向前。因此，在销售的过程中，不要消极对待别人的拒绝，而要积极面对，把拒绝当作一个重要的问题——自己能不能再坚持呢？相信被拒绝一次就离成功更近了一步，不要听见“不”字就打退堂鼓，应该让这种拒绝激发你更多的潜力。

总之，当拒绝不可避免的时候，那就得学会“享受”。销售就是这样，你不能因为客户的拒绝就放弃这一种职业，你应该把拒绝当作是一种激励。

说话自信有力，别给客户拒绝的理由

销售员要树立强大的自信心。许多销售员在销售中最终没有成功，不是因为他们没有能力，而是缺乏信心，信念不够坚定。这种销售员在说话时底气不足，不果断、不干脆，这往往就给了客户拒绝你的理由。

有了自信，说话时的语气就不一样，会增强你的可信度。差不多每位销售高手都有一两句经常使用的语气坚定的口头禅，如“肯定的”“当然是”等。对方确信你说的话，自然对你销售的产品产生兴趣。

说话自信有说服力，才能让客户无法拒绝。在销售中，哪怕你心里不够自信，在说话时也要尽量表现出自信。

小陈："请问王总经理在吗？"

秘书："我是王总的秘书，你是哪位？"

小陈："我是××财务公司的小陈。请问王总在吗？"

秘书："他在。请问你找他有什么事？"

小陈："请问怎么称呼您？"

秘书："我姓何。"

小陈："何小姐，您好！请问我能和王总通话吗？"

秘书："请问你找我们总经理有什么事？"

小陈："何小姐，我明白您的职责所在，也知道王总很忙，不能随便接电话。不过，请您放心，我绝不会占用王总太多的时间。我相信王总会觉得这是一次有价值的谈话，绝不是浪费时间。请您代转一下，好吗？"

秘书："请稍等。"

王总："喂！"

小陈："王总，我是××财务公司的小陈。我公司是专门为大企业定制财务软件的公司。请问您知道我们公司吗？"

王总："不知道。贵公司卖的是什么产品？"

小陈："我们是专门为大企业定做财务软件的公司。有许多知名企业都是我们的客户，比如××银行、××咨询公司、××网络公司等。我希望下个星期能拜访您，当面向您做详尽的介绍。我想在下星期二上午10点或星期三下午2点拜访您，您觉得方便吗？"

王总："嗯，那就安排到下星期二上午10点钟好了。"

在这个事例中，销售员小陈说服秘书何小姐和王总经理的秘诀在哪？就在于他说话时充满自信，语气坚定。

自信在销售过程中深深地影响着客户，使他们有一种安全感，放心地选用你的产品，不会轻易拒绝。每个人都喜欢与充满自信的人打交道，客户也不例外，他们不希望与毫无自信的销售员打交道。

所以，在整个销售过程中，销售员始终要保持自信。尤其在销售受挫时，应及时调整好自己的状态，以防止给客户造成不良印象。你必须有意识地树立起自信心，可以这样提醒自己："我知道这位客户需要我销售的产品，因为我们之间的洽谈都清楚地说明了这一点。我知道我向他销售的商品能够满足他及其家人的需要并使之更幸福。我的产品介绍做得既完备又明了，我认为他不但对我的商品，而且对我本人都很信任。"尤其是在洽谈进入最后阶段的时候，如果你流露出心虚的样子，会使你之前用话术奠定的所有基础都坍塌，客户便会顿起疑心，让你功亏一篑！

所以，如果你想成为成功的销售员，不断地增加你的销售额，那么你应该时刻充满自信，信心十足地去迎接客户，迎接挑战！

打动人心的话术，最能消除客户顾虑

销售要懂心理学，要清楚地了解你面前的客户心里在想什么。客户在消费前，一般都有顾虑，所以你要用动人的语言打消对方的顾虑，让他们撤去心理防御，这样对方就不会轻易拒绝，销售自然也就能水到渠成。

美国推销专家法兰克·贝格就曾经用动人的语言获得过巨大的成功。

一天，法兰克遇到一个难得的大买卖。一位朋友告诉他，纽约的一位客户正对人寿险询价，金额高达25万美元，另外还有10个大公司的总裁也打算买人寿保险。

他问法兰克是否有兴趣前往一试。法兰克当然愿意了，立即请他提供一次会面的机会。几天之后，朋友打电话过来，说他已为法兰克安排妥当，时间定在次日上午的10:45。接下来，法兰克开始琢磨自己该做什么。他决定准备一些问题，这些问题要让购买者明白自己的需求到底是什么。法兰克冥思苦想，花了将近两个小时的时间，弄出了14个问题。他把这些问题按逻辑顺序排列起来，做成一个系列。

第二天早晨，他乘火车前往纽约。一路上，他对这14个问题翻过来调过去，琢磨了个透彻。车到纽约，他已激动得快飞起来。他信心十足，决定冒个险。他给纽约最大的一家体检中心打了个电话，请他们为即将会面的尊贵的客户安排一次体检，时间定在11:30。

法兰克终于到了向往已久的办公室。秘书小姐打开门，并转身去向她的老总通报："博斯先生，法兰克先生从费城前来拜访您，他说与您约好的时间是10:45。"

博斯先生说："是的，请他进来。"

于是，法兰克开始了与博斯先生的谈话。

"博斯先生，您好！"

"你好，法兰克先生，请坐。不过我想你是在浪费时间。"

"这话怎么说？"

博斯指了指桌子上放的一堆文件说："我已将有关人寿险的计划送给了纽约所有的大保险公司。这些公司中有三个是我的朋友开的，有一位与我是莫逆之交，我每个周末都和他一起打高尔夫球。他经营的纽约人寿保险公司，业绩相当不错，世界上没有一家公司能比得上那家公司。

"事实就是这样，如果你非要向我推销人寿保险，你可以以46岁的年龄、25万金额做一个周密的方案，然后寄给我。几个星期后，我会将你的方案与已有的几个方案进行比较。倘若你的方案又好又便宜，我就让你做成这笔生意。不过，我认为你在浪费自己的时间，同时也是在浪费我的时间。”

“博斯先生，如果您是我的亲兄弟，我必然坦诚相告。我干保险这一行也有很多年了，如果您是我的亲兄弟，我真心奉劝您赶紧把那些所谓方案的破玩意儿扔到废纸篓里去。”

“此话怎讲？”

“首先，您要想自己理解那些方案，就得让自己成为一名专业的保险统计员，而这要花费您7年的时间。而且，世事无常，今天您选择的是一家价格低廉的保险公司，但5年之后它可能成为价格最高的一家公司。当然，供您今天选择的都是些世界一流的公司。您把这些公司的方案放在桌子上，闭着眼睛随便拿一份，价格好像都很低廉，这与您花上几周的时间精挑细选的结果几乎完全相同。您为什么浪费自己的时间呢？我愿意帮助您尽快做出选择。为此，请您允许我向您提一些问题好吗？”

“可以！你问吧。”

“可以这么说，在您有生之年，那些保险公司信任您，但您百年之后，他们会像信任您一样信任您的公司吗？您看是不是这样？”

“不错，正是这样。”

“您买保险是为了什么呢？事实上，唯一重要的是把您的风险转移给保险公司。倘若您半夜醒来时忽然想到农场里大片农作物的火险昨天就已到期，您还能睡得着吗？您只盼着天亮。第二天早晨您做的第一件事就是打电话给您的保险经纪人，让他保护您农场的作物。是这样吧？”

“当然了！”

“其实，人比财产更重要。您难道不认为自己买一份人寿保险更加合算吗？您不认为应当将风险降到最低程度吗？”

“这倒没想过。不过，你说的也有可能。”

“如果您还没有买这样的人寿险，万一发生不测，您不但没了收益，还得搭上大笔钱财。您想，是这样吗？”

“何以见得？”

“我今天早上约了纽约最有名的医生卡克雷勒先生，他做出的体检结果是每个保险公司都承认的。可以说，只有他做的体检结果才适用于25万的保险单。他诊所里的检测设备应有尽有，您尽管放心好了。”

“难道别的保险代理做不了这些吗？”

“他们在今天上午是做不了的。博斯先生，您得尽快认识到这次体检的重要意义。假如您今天下午给那些保险代理人打电话，让他们立刻为您安排体检，首先，他们会找一个平平常常的医生，因为这人是他们的朋友。那位医生来您的办公室为您做第一次检查，即使检查结果可在当晚寄给一个主管医生，那人一看这要冒25万美元的风险，必然安排第二次体检。而他们又得为此准备必要的仪器，这意味着什么？时间在一天天地流走，您的金钱也一天天地流走。您怎么会愿意拖延一周，哪怕只有一天呢？”

“噢，我还是好好考虑考虑。”

“假设您明天早晨突然感冒，嗓子发痛，咳嗽不止，为此躺了一周。当您病好后去做令人难受的体检，保险公司会说‘博斯先生，瞧您现在是没事儿，可考虑到您的最近病史，我们得附加个小小条件’，就是再观察您三四个月以便确认您的病是急性还是慢性。这成什么啦，博斯先生？您得一直耗下去，没完没了地拖下去。您看，我说的这些可能发生吧？”

“当然可能了。”

“博斯先生，现在是11:10，我们若能现在动身，赶去赴卡克雷勒的约会，就不会错过11:30的体检。您看上去气色很好，如果体检一切顺利，您所买的保险48小时后就会生效。我相信您觉得不错。”

“啊，我现在的感觉棒极了！”

“这次体检对您是最重要的，对吗？”

“法兰克先生，您在为谁做保险代理？”

“当然是您了！”

博斯先生抬起头来，点了一支烟，从办公桌旁站起来，走到衣帽架前拿了帽子，说道：“咱们走吧！”

接着，他们便去了卡克雷勒医生的诊所。体检很顺利，做完了之后，博斯先生似乎成了法兰克的朋友，他邀请法兰克同他共进晚餐。吃饭时，他笑着问法兰克：“您是哪家保险公司的？”

在这次完美的推销中，法兰克用动人的语言消除了客户的疑虑，而这也是语言魅力所带来的非同寻常的成功。

挖掘客户潜在需求，变“不需要”为“需要”

当客户对你说“我不需要”时，就代表你被拒绝了。但销售员是否就此停止销售工作呢？当然不，客户说他不需要并不代表他真的就不需要。销售员应该认真分析一下客户是不是真的不需要，然后再去挖掘客户的潜在需求，让客户知道他其实是需要的。

乐明是一位保险销售精英，在早期销售生涯中，他曾遇到过一位女性客户，她是一个高级白领。当乐明向她推销保险时，她是这样拒绝他的。

女客户：“不好意思啊！我很欣赏你这个年轻人，非常精明能干。但很遗憾，经过我和家人的再三商量，我们暂时还不需要买这份保险。”

乐明：“那您能告诉我其中的原因吗？”

女客户：“我有一个消费习惯，就是当我在买与不买之间犹豫的时候，我会先问自己一个问题，明确答案后，我就能做出决定了。”

乐明：“非常有意思。那么，请问在买保险这件事上，您是如何问自己的呢？”

女客户：“举个例子吧。有一次，我去逛珠宝店，在一个专柜里看到了一串非常漂亮的玉石手链。我非常喜欢，可它的价格不菲，高达8万元！这串漂亮的玉石手链，很是让我心动。正当我冲动地准备付款时，我突然在内心问自己：不买会死吗？答案是：不会。它可以被其他东西替代吗？可以。最终我没有买。这次买保险也是这样，我暗暗询问了自己。你看，如果我不买你的保险，我难道会死吗？会活不过明天吗？”

乐明：“我明白了，谢谢您！您的话提醒了我。人不买保险的确不会死，但死的时候却会很惨，当然惨的并非是你，而是那些依靠你的人。一旦你死了，你的确什么都不需要了，而他们却什么都需要。曾经有人说过，没有买保险就死的人，死就轻如鸿毛。这话难听，却是实话。任何动物死了都还是值钱的，只有人，如果没买保险死了就分文不值。保险，就是给生命保值，它没有任何替代品。”

女客户：“呃，你说的也很有道理，那么先推荐一份保险，我再考虑下。”

客户在花钱时，肯定有很多顾虑，也总会有一堆理由来拒绝你，但只要你把不买所造成的“悲剧”展现给客户看，就能促使他们改变心意。上面案例充分说明，我们可以把销售变成一种“追求幸福，逃离痛苦”的过程，当客户感受到这个中心思想后，就能改变自己原本那种“不需要”的想法，那么你的目的也就达到了。

当客户对你说“我不需要”时，具体应该怎么应对呢？

首先，帮客户把好处和坏处都想到位，两相比较，对方就会心甘情愿与你合作。在客户面前说买产品的好处，实际上就是建立一种需求的意愿，变“不需要”为“需要”。

其次，不管客户对你说多少遍“不需要”，这都不重要，重要的是对方是一个会说“需要”的人。只要你能让客户回心转意，让自己反败为胜，就一定是一个优秀的销售员。

先调节客户的心情，再处理客户的拒绝

销售员在面对客户的拒绝时，首先要认识到，客户的心情是他选择拒绝的一个决定性因素，只有先调节好客户的心情，才有可能化解客户的拒绝。

用强硬的办法不容易战胜的客户，只有用巧妙的办法才能使之信服，这里所谓的“巧妙的办法”就是先调节客户的心情，再去处理客户的拒绝。

具体怎么做呢？当客户提出拒绝意见时，我们可以说：“我明白您的意思”“我理解您的心情”“我能体会您的感觉”“您的看法非常有道理”等。这就是所谓的“退一步海阔天空”，有原则的妥协让步能够成就大的事业，在销售领域也是如此。

在回应客户的建议和问题之前，可先找出其可取之处或双方都能接受的观点，然后再指出其意见的不妥之处，这样对方才易于接受。不成熟的销售员在销售时容易急躁，甚至盛气凌人，造成气氛紧张，也让人敬而远之。谦虚、让步是销售员应具备的基本素质，尤其是在面对客户拒绝的时候。

小李是一个能够以客户心情为重，并能尊重客户有不同意见的人。有一次，他向一位挑剔的客户推销一种进口剃须刀。他与客户之间有如下一段对白。

“叔叔，这是一种日本进口的新型剃须刀，各方面性能较其他同类产品有较大的改进，用起来非常舒服。”

客户在认真地观察了一阵并且试用了一下后说：“这不太可能，进口剃须刀我很熟悉，这不可能是进口货。我看，这倒像是山寨货，并且性能也不见得比我那个老机子好。”

面对客户如此肯定甚至说是山寨货的态度，小李没有同他强辩，而是说道：“叔叔，可能是我拿的这个样品有问题。我手头还有别的样品，请您看看，可以吗？”

那位客户听到小李这样说感到十分意外，并且为自己不太客气的语气有点不好意思，便也客气地回答道：“对，搞不好是我看错了，换一个给我再看看吧。”

于是，小李又拿出一个样品，让客户试用。这一回不同了，那位客户赞不绝口地说：“不错，不错，用着是很舒服，看来我刚才是有些看走眼了。怎么样，价钱如何啊？”

下面的事情便可想而知，小李化解了客户的拒绝，卖出了剃须刀，而且那位客户还答应向他的亲戚、朋友推荐小李的产品。

人的情感千变万化，在客户拒绝的时候，销售员要先适应他们的心理，理解他们的心情，因势利导，才可能消除拒绝，就像上例中小李所做的那样。相反，假如你过分强调自己，对客户的心情不予理睬，对客户的观点表示反对，那么销售失败的结局自然就无法避免的。

避重就轻，巧妙转化客户的异议

有些客户的拒绝理由确实难以应对，没有办法给一个合理的回应。这时，销售员可以想办法避重就轻，为自己留下回旋的余地，巧妙转化客户的异议，化解他们的拒绝。

曾经有一个图书发行员去某图书大厦推销一本书。图书大厦的负责人一见他便说："你们这本书我没看过，不过光看封面就够了，这封面做得简直太丑了。你觉得读者会相信里面有什么精彩的内容吗？"

发行员笑着道："请不要着急，我们先慢慢谈，咱们以前的合作可都很好。"他并没有直接反驳客户的意见，也没有做任何解释，而是先把这个话题轻松引开，这样不但给自己留下了考虑的时间，也转移了客户的关注点。

有的客户的异议很多，销售员一下子不可能回答得很完美，那么除了上面发行员转移话题的做法，也可以从众多异议中选出一条自己最拿手的问题加以详细、形象地介绍，最后别忘了问一句："您全明白了，对吧？"

需要指出的是，避重就轻不是提倡不认真处理客户的异议。销售员要养成真心实意听取客户异议的习惯。因为，销售员只有集中精神理解对方的话，才能分辨出哪些异议不宜当时解决，哪些异议不便及时做出回应。

所谓避重就轻，是说不能忙于考虑怎样回应，如果忙于应付，你不仅不能有效地听取对方的异议，还无法找出真正的应对之法，让自己陷于被动状态。如此，销售工作还怎能顺利进行下去？

有的时候，有问必答反而会失去达成交易的机会。关键时刻，你大可装糊涂，想办法把话岔开，不要与对方形成对立。

从另一个角度讲，避重就轻、转化异议还是利用客户异议积极的一面克服消极的一面，最终促成合作的技巧。

比如，客户说："你们的产品涨价了。"

销售员可以这样说："是涨价了。根据市场行情，过几天还会再涨，所以您现在应该多进一些货。"

这样的应答便充分有效地利用了客户的异议，但它也有局限性，运用不当的话，不仅会引起客户的反感和抵触情绪，还易使客户因失望而却步。所以，在运用过程中要注意以下四点，以防止弄巧成拙，适得其反。

首先，要肯定、赞美客户的异议，以形成良好的销售气氛，利于双方的合作。应做到态度诚恳、语气热情、方式得当。

其次，认真分析和利用客户的异议。肯定与赞美客户异议的目的是利用其中正确与积极的那部分，若不加分析地把客户异议一概加以肯定与赞美，则无法利用客户异议中的积极因素。

再次，最终必须直接针对客户的异议。避重就轻不等于一直回避，若一直回避客户的异议，只能影响客户异议的转化，使利用异议失去基础。

最后，向客户提供正确的信息。在转化过程中，客户的心理变化面临着较大的反差，要使客户相信自己的购买是明智的，就必须向客户提供正确的信息，尤其是有关市场行情方面的信息。

有些拒绝，“不理会”反而更见效

某连锁文具用品超市的主管办公室，进来一位推销纸类包装产品的销售员。这位销售员想推销的产品是圣诞节的包装组合，它包含了两张很漂亮的包装纸、标签、彩带及胶带等。超市主管已经连续3年拒绝买进这种产品，不过这位销售员深信该包装组合非常适合这家连锁超市。根据别的超市的经验，他觉得，只要有机会被摆上货架，这个包装组合肯定畅销。

来看一下他们的对话。

主管：“不，我不要买进这种圣诞节包装组合。我非常喜欢你们公司的其他产品，但就是不想要这个包装组合。”（客户明确表示拒绝）

销售员没有着急，态度轻松地说：“这个包装组合很吸引人的眼球，不是吗？去年它们卖得非常好，而今年的设计比去年更好，所以今年一定会大卖特卖。您作为行内人，关于这一点应该了解得很清楚。”

主管：“是的，但是去年我就跟你说过，这种包装组合并不适合我们。”

销售员：“如果一次能买20箱以上的货，我们公司会照批发价再打9折，这可是千载难逢的好机会啊！而你们有将近40家分店，每家分店只要买一箱，就能够享受这种优惠了。”

主管：“难道你还不明白吗？这种产品不能上我们公司的货架。”

销售员：“你看，我们的设计人员把这个包装组合设计得多么精致，把它放在收银机旁的走道上，进店的客人一定会忍不住买几盒的。去年，这项产品是我们公司有史以来销售最快的一种产品。”

主管：“你在干吗？好像没有听见我说的话，我说我们不卖这种产品。”

销售员：“去年，我们曾做过一项调查，摆放这种产品的客户其销售金额比前年提高了10%，很了不起吧！你们超市如果摆上这种包装组合，您的标签及彩带也会卖得更快，所以，是不是也额外多进一些标签及彩带，免得您日后来不及补货？”

主管：“不要！”（有些生气了）

销售员：“此外，这类产品还有一项非常好的特点，就是它总会很流行。在圣诞节的热潮过后，你还可以把它拆开，分开来卖。你是否曾经有当季的产品卖不出去？”

主管：“是的，有时候确实是如此。”（开始好奇）

销售员：“我想这是你会喜欢上这种产品的原因。它能带来高利润，包装精致，可以增加销售额达10%，而且全年都可卖。你真的不想进这种产品吗？”

主管：“你这是在征询我的意见吧！到目前为止，你似乎根本没有听进去我所讲的任何一句话。”（语带讽刺）

销售员：“怎么会？我真的需要你的意见与提醒，毕竟进不进货由您决定。您是否同意在比较大的十几家分店进两箱，这样您一次就进20多箱，我先前说过，只要超过20箱就照批发价打九折。另外，如果你现在一次进40箱，我想我们公司可以额外给您2.5%的优惠。我们从未给其他公司这样的优惠，你们公司真的是很特别。”

主管：“看来我不进货都不行了，我在哪里签字啊？我可警告你，如果它们卖不好，那我们之间的合作可就完蛋了！”

……

这真可以说是个销售奇迹。为什么这位销售员能够取得成功呢？首先，这个销售员对自己的产品很有信心。其次，如果与客户不熟，这位销售员大概不会用这种方式来进行推销。他认识到，在这种情况下，若是遵守销售常规，他会毫无进展，最终还是会被拒绝，过去3年就是如此。此时想要把产品的优点全部告诉客户的唯一方法就是，当他表示拒绝时，完全不要理会他。

假如销售员知道自己的产品一定可以畅销，一定能给客户带来利益，但对方却始终拒绝，你不妨试试这一招。但是，要切记，你的态度应该从容、轻松，不要让客户有压迫感，语调要很有自信，结尾的时候还可以幽默一下。相信他听完你叙述的各种优点后，不仅不会再拒绝，还会痛快下订单。要知道，对于这样一再表示拒绝的客户，如果不使出一些打破常规的方法，那销售工作很难有进展。

拒绝不是客户的特权，销售员也要善于说“不”

在销售过程中，与客户的谈判是不能避免的。客户可以拒绝销售员，而销售员在必要的时刻也要善于拒绝客户。如果对方提出的要求或观点与销售员的意愿大相径庭，那么，销售员就需要拒绝。不过，直接拒绝客户显得太过生硬，会让客户很难接受，并使其产生一些不良情绪，从而使销售陷入僵局。

销售员只有抓住合适的时机，用合适的方式并通过合适的语言委婉拒绝，才能使销售得到满意的效果。因此，销售员在销售中要学会说“不”的技巧，善于巧妙地拒绝客户。

具体而言，销售员可以尝试以下拒绝的方法：

1.潜移默化的方法

在销售过程中，销售员感觉自己无法接受客户提出的条件时，可采用这种方法委婉地表达自己的拒绝，这样更容易得到对方的谅解。例如："很抱歉，这个价格超出我们的承受能力""除非我们采用劣质原料使生产成本降低一半，否则不可能满足你们的价位"等。你可以用这样的语言来委婉地告诉客户，他所提的要求是不可能实现的，同时还可以使用一些无法变通的客观限制，如法律、法规、惯例等，如"如果质检部门允许的话""如果物价部门统一的话"等。在销售谈判中，用潜移默化的方法拒绝才能更容易让客户接受，才能够达到最佳的拒绝效果。

2.幽默的方法

在拒绝时，幽默也是有力的武器之一。当客户提出一些无法满足或不合情理的要求时，销售员可以用一些幽默的例子或故事，让对方意会你的言外之意，以达到委婉拒绝对方的目的。例如，曾有一个客户在一家生产洗洁精的公司考察时，偶然发现洗洁精有分量不足的现象，于是客户借此良机与对方的销售人员讨价还价。这个销售人员微笑着讲述了这样一个故事："美国专门为伞兵生产降落伞的军工厂，产品不合格率为万分之一，这就意味着1万名士兵将有一名因为降落伞的质量缺陷而牺牲，当然这是所有人都不能容忍的。所以，军方想了一个办法，他们在抽检产品时，让军工厂主要负责人亲自跳伞。从此以后，降落伞的合格率为百分之百。若贵公司提货后能把那瓶分量不足的洗洁精赠送给我，我将与我公司负责人一同分享使用，这可能是我们公司成立这么久以来第一次遇到使用免费洗洁精的机会。"这个方法既转移了客户的注意力，又充分地说明了自己拒绝的理由，可谓一举两得。销售员如果能学会适时地以幽默的方式表达拒绝，就一定可以获得很好的谈判效果。

3.先肯定再否定的方法

人们往往都希望自己能够得到别人的赞许和认同，因此在销售过程中，销售员可利用这一点从对方意见中找出双方都认同的非实质性内容，并加以肯定；在与对方产生共鸣后，再借机说出自己的不同看法。例如，有一位销售员在向一家公司推销自己的产品时，自己公司的知名度遭到了客户的质疑，于是销售员坦率地说："正如你所说的那样，我们的品牌的知名度不是很高，可那是因为我们将大部分经费都用在产品研发上，生产出的产品新颖时尚，且质量上乘。该产品自面世以来很受客户欢迎，市场前景非常好，甚至有些地方还出现了脱销的现象……"这样一来，不仅达到了拒绝的目的，还缓和了气氛。

4.额外补偿的方法

在销售过程中，无论销售员用多么充分、多么动人的理由来拒绝客户，都会让客户感到不快，毕竟这关系到对方的切身利益。因此，你可以在自己的权限范围之内，在拒绝客户的同时，给予客户一些额外的补偿，这样往往会取得不错的效果。这种方法在谈判中也经常用。例如，在销售手机的时候，你可以说："这个价给您已经是最优惠的了。不如这样吧，我再多给您配上一块电池。""虽然我们的产品价位偏高了一点，但美观耐用，安全节能，售后服务也很有保障，可以随时为您提供免费的服务，让您毫无后顾之忧。选购这款产品对你来说一定是明智之举。"这样一来，就会让客户感觉不那么难以接受了。

当然，销售员在使用这些拒绝方法时，还应该注意一些问题。

首先，销售员说"不"的目的，不是为了单纯拒绝客户，而是为了自己的利益，为了获得最好的结果。虽然这是众所周知的道理，但仍有不少销售员在沟通中感情用事，忘记了销售的目的，一味地拒绝，结果导致销售以失败而告终。

其次，大多数销售员在与客户沟通时，都害怕说"不"。销售中说"不"并不代表失败，而是为了拒绝对方一些自己无法接受或是不合理的要求，并不等于全盘否定。因此，大多数时候说“不”都是有的放矢的。

销售是一个互惠互利的合作过程，但毕竟关系到彼此的切身利益，为此而发生冲突也是在所难免的，因此在应该拒绝的时候，就要大胆说“不”。但在拒绝的同时，还要记得在其他一些方面给客户留下讨价还价的余地。

第五章

对症下药：客户性格不同，沟通话术不同

为什么有的销售话术在一些客户上奏效，却在另一些客户上没有丝毫用处甚至产生反作用？因为客户的性格不同。客户的性格不同，所采用的话术自然也应该不同。

面对暴躁型客户，保持一颗平常心

在销售工作中，我们经常会遇到一些脾气暴躁的客户，这类客户冲动易怒，有时因为一些小事就对销售员大发脾气。

晓晨就遇到这样一位性格暴躁的客户，因为晓晨的一句话没说好，他就大为生气，愤怒地对晓晨说："我以后决不在你们公司订货了，我这还有些货，直接退给你们得了！和你们公司没什么好合作的了，全结了省事！"说完，他还让晓晨不要再来烦他，连见面拜访的机会都不给。后来，晓晨多次打电话道歉，并登门拜访，说了许多好话，才勉强留住这位大客户。

面对这些性格暴躁的客户，很多销售员都会采取敬而远之的态度，即使想继续和客户谈，往往也是"老虎抓天——无处下爪"。

我们先来分析一下这些脾气暴躁的客户。

性格暴躁虽是缺点，但往往也代表这个人不是什么坏人。性格暴躁的人，大多眼睛里容不得半粒沙子，在是非对错上观点异常鲜明，敢于和不良倾向做斗争，比如李逵、张飞等英雄好汉就是如此。

性格暴躁的人虽然爱发火，但是发火之后常常又会后悔得要命，但以后照样还是会大发雷霆。也就是说，性格暴躁的人不能很好地控制自己的情绪。

通过分析不难看出，暴躁型客户并不可怕，反倒更值得信赖。销售员只需要在和这类客户交往的时候使用一些技巧，销售就并非难事。那么，要使用哪些技巧呢？

首先，在客户因暴躁而发泄时，销售员最好不要阻止，可以先让他尽情发泄。因为这时客户需要的是“发泄过程”所起到的作用。当暴躁型客户发泄时，没有什么比告诉客户让他平静下来而更容易激怒他了。如果你试图阻止客户表达他的感情，反而会使他更加愤怒。

其次，在和暴躁型客户接触时，言语尽量不要刺激对方，而应努力满足他合理的或者可以理解的要求；在一些不值一提的小事上能忍则忍。

最后，不要把客户的矛头转向自己。尽管客户是在对你发泄情绪，但你一定要弄明白，你仅仅是他们倾诉的对象。如果你把客户的矛头转向自己，那就是自寻烦恼了。

总之，对于这些没什么耐性的暴躁型客户，要以一颗平常心来对待，不能因为对方的盛气凌人而屈服，也绝对不能溜须拍马，因为这两种态度都有可能会让他看不起你。唯一正确的心态是真诚无欺、不卑不亢，用自己充满魅力的言语去平息他的暴躁。

应对傲慢型客户，只需满足对方爱摆架子的欲望

在销售工作中，销售员会遇到各种各样的客户。有些看起来和蔼可亲，而有些看上去却十分傲慢。碰到傲慢型客户，有些销售员就不想与其打交道，销售往往也是敷衍了事。如果这样，想做销售简直是难于上青天。的确，傲慢型客户往往主观性强，喜欢自以为是，不大瞧得起别人，令人难以亲近。尽管如此，销售人员也必

须克服心理障碍，因为这是从事销售工作的必然要求。何况，傲慢型客户其实也并不难对付，只要满足对方爱摆架子的欲望，成交的可能性就会很大。

来看一个案例。

销售员："您好，我想向您介绍我们的新品跑步机。"

客户："本人不喜欢在跑步机上跑步。"（表情傲慢）

销售员："真的吗？本地区前天举办了慢跑比赛，我在现场还看见了您呢。"

客户："本人只是以赞助商的身份与大家打打招呼而已。"

销售员："您真是太牛了，今天一整天都听人们在说您的好。"

客户："哈哈！是吗？"（故作谦虚，其实内心高兴）

销售员："的确，您也应该为了保持健康，多多锻炼，您说是吧？"

客户："有道理，有时间让我看看你们的产品。"

销售员："好的，没问题，你看下周……"

像上面例子中的客户就属于傲慢型客户。

这类客户都有"摆架子"和被人赞美的心理需求。尤其是面对销售人员时，他们总觉得销售人员有求于自己，应该满足自己被尊敬、被恭维的需要。不过，有些人比较有涵养，这种情绪不会表露得过于明显，而有些人则显得迫不及待罢了。

因此，与傲慢型客户打交道时，我们要像上面例子中的销售员学习，满足客户"摆架子"和被人赞美的心理需求。具体而言，可以注意以下几个细节：

1.尽量使用敬语和谦辞

在与傲慢型客户打交道时，我们不能说太多表示亲近、表示平等的话，而应该尽可能使用敬语和谦辞。要尽量使他觉得，我们并不在与他相同的平面上——我们比他低一级。"您""请"这样的词汇会让他心里舒服很多。当然，这只是销售的话语技巧，并不是真就要销售员低人一等。

2.在细节上显示出对他的尊敬

细节决定成败，这并非虚言，尤其在面对傲慢型客户时。比如，销售员去见这样的客户前要对他有所了解，不能让自己的衣着打扮超越对方太多；在与对方交谈时，不能打断对方的诉说，也不要接电话；与对方通电话时，要坚持在对方放下电话后再挂断……只有做好这些细节，销售员才能赢得这类客户的青睐与欢心。

3.不动声色地赞美客户

要想让傲慢型客户满足自己的优越感，就一定要想办法赞美他。当然，这种赞美不能是赤裸裸地拍马屁，最好走一个“曲线”，寻找一个话题。总之，你要让这类客户的心理需求得到满足，这样他才能更愉快地签下我们的订单。

犹豫型客户，让其感受到危机

在销售过程中，虽然销售员已经把产品以及服务等各方面的信息介绍得很全面，对方也满意价格和质量，可就是在签单的问题上一再拖延，迟迟不能下定决心。这样的客户，就属于犹豫型客户。

吕翔是一家建材公司的销售员，经常和各种客户打交道。在销售时，他发现有些单子看着马上就要签订了，但最后关头，客户总是犹豫不决，最后可能就不了了之了。他说：“尽管我很清楚地知道这些客户需要我们的产品，客户也清楚知道我们的产品能给他们带去极大的帮助，我们的售后服务也很好，但最后他们仍然是一副犹豫不决的样子。对于这样的客户，我真的没有什么好办法。到底怎样才能让这些犹豫不决的客户快速决定呢？”

我们先来分析一下犹豫型客户的特点：这些客户大多情绪不是很稳定，对事物往往缺乏主见，也喜欢消极地看问题，总是盯着事物坏的一面，而不去想好的方面。

怎样应对这一类型的客户呢？他们自己不能快速地做决定，你可以想办法催促他们。你可以说些像“这个产品非常适合你，如果现在不买，将来肯定会后悔”等具有强烈暗示性的话，让他感受到危机，迫使其快速下决心。这是最简单，也是最合理的方法。在现实中的情况可能会更复杂一些，所以下面再提供几个实用的方法，以供参考。

1.假定签单

这个方法的要点在于攻心为上。当你发现客户露出购买信号却犹豫不决时，最好假定客户已经签单。比如，客户想做一个网站来宣传产品和企业形象，但是他对互联网了解不是很多，不知道这样做合适不合适，所以犹豫不决。此时，销售员就可以这样对客户说：“您看，是先做上3页，把网站建起来，以后再根据效果增加网页数好呢，还是一次性把网站建全好？既然要扩大贵公司的知名度，要做就做最好的嘛！反正钱也差不了多少！您觉得怎么样？”如此，客户考虑的就不是做不做，而是怎么做的问题了。

2.欲擒故纵

销售中，如果客户已经对你的产品表现出强烈兴趣，并且客户的疑问已经全部得到解答，可出于犹豫的性格，就是拖延着不签单。此时，销售员可以试试“欲擒故纵”这一招，即假装说要走，并开始收拾自己的东西，不过动作要慢，要留给客户足够的思考时间。如此，这类客户可能就会下定决心签单。需要指出的是，这种方法最好是在没有竞争对手时使用，否则很容易被对手钻空子，从而导致机会白白流失。

3.建议成交

对犹豫型客户，说些富有技巧的话，建议对方下决定，也能促使客户快速签约。比如，你可以说："既然没有什么问题了，我们就签个协议吧！""付款方式上没有什么问题的话，我们就签合同吧？""我们先签个协议吧，这样我们也好开始准备为您服务，让贵公司早日受益。""假如现在签协议的话，您觉得我们最先开始哪些工作？"

4.拜师学艺

对于犹豫型客户，还可以使用"拜师学艺"这一招。比如，你可以这样对他说："既然您不能马上决定，我就不再耽误您的时间了。不过，在我放弃之前，您能告诉我是哪方面我做得不到位吗？在今后的工作中我一定多加注意。"类似这样的话，不仅可以缓解双方僵持的气氛，还能满足对方的虚荣心。并且，当客户看到你有如此谦逊的态度时，他可能会一边提出意见，一边鼓励你，接下来的合作可能就更有希望了。

如何让沉默型客户打开话匣子

一位客户在手机柜台看着各种手机。销售员热情地走了过去，说："您好，请问您看上了哪款手机？"

客户沉默，没有回答她的问题。

"您看这款手机，它是最新款的音乐手机，应用的是高清音频还原，可以让你享受高保真的音质，还能还原现场的音质效果……"销售员介绍着。

但这位客户还是一言不发，只是认真看了下那款手机，就又继续看柜台里的其他手机了。之后，不管销售员怎么说，客户都保持沉默，这使销售员很尴尬。最后，客户没买任何东西就走了，销售员也不知道客户到底想要哪款手机。

成熟的销售员都知道，只要客户开口说话，就有成功的希望。可唯独像上面案例中这类沉默型的客户，往往让人无从下手。

沉默型的客户很好分辨，他们往往对销售员的主动服务无动于衷，对销售员的产品介绍、建议等也采取漠视的态度。难道是这些客户心中已有主意，或者倔强到完全不听别人的意见吗？也不一定是。对于沉默型的客户，销售员首先要查找原因，然后再区别对待。

就以上面案例中的客户为例，这位客户尽管始终沉默，但也没有把销售员的话当作耳旁风。这从他在听完介绍后，认真看了那款手机这一细节就能看出来。这类客户往往就是天生不喜欢多说话的人，他们不是不愿意理销售员，也不是没有问题想问，只不过他们不善于交流。如果能想办法让他们开口，销售还是有很大希望成功的。

除了这种不喜欢说话的客户以外，还有一类沉默型客户是故意保持沉默的。比如，在销售过程中，往往会遇到这样一些人：对于销售员提出的建议，他们显得漫不经心，不仅不做任何回应，目光还四处游走。他们既没有自己关注的对象，也不认真倾听销售员给出的建议。这类人的沉默就很可能是装出来的，他们心里对要买什么产品没有一个明确的概念，可又不愿意让自己被销售人员牵着鼻子走——他们可能认为销售员都想让自己上当受骗，买华而不实的商品。所以，他们不自觉地采取沉默对抗的态度。

不管是上面哪一种，遇到沉默型客户都是销售员的一大难题。但这个难题也并非无解，只要我们采取合适的策略，还是有可能做成这单生意的。

那么，具体我们该如何做呢？

对于天生沉默型的客户，我们最好能够迅速找到话题，用疑问句打开他们的话匣子。要知道，陈述式的推销很难赢得沉默型客户的回馈，而提出一些关于商品的简单问题，则很可能会让对方张嘴。比如，上面案例中的销售人员如果在介绍音乐手机的同时，再问一问客户正在用的手机，或客户更看重手机的哪方面功能，比如除了音乐外，是不是更看重照相、游戏等功能，这样就更容易让客户进入互动环节。而且，在此过程中，我们还能搞清楚客户的购买需求。

对于故意沉默型的客户，我们首先应该做的是尽量先拉近与对方的关系，因为沉默型的客户往往对销售员有着潜在的抵触情绪。要想与他们顺利交流，就要先想办法拉近与他们之间的关系。比如，多聊一些产品外的话题。有些销售员会根据对方的兴趣爱好拉一拉关系，这就是很好的方法之一。一旦拉近了关系，打破了沉默，你会发现其实这类客户并不难应对。

用对方法，世故型客户并不难缠

这个社会从不缺老于世故的人，尤其是在商界，销售员所面对的客户基本上没有简单的，他们大多精明老练，非常难缠。销售员在和他们打交道时，往往会面对很大的压力，一个应对不好，就容易让他们看不起，生意自然就难谈了。

面对世故型客户，很多销售员束手无策，觉得这些人比一座坚固的城堡还要难以攻破，认为他们太圆滑老练了，根本没有突破的可能。于是，当觉得无能为力时，你觉得还是和他说再见比较好。其实，这正是此类客户对付你的计策。你得到的只是模棱两可的回答，或者很不靠谱的说法。

应对世故型客户往往费尽心思也不得其果。怎么办？还是先来看一个案例。

一位客户走进一个五金杂货店，销售员见他似乎在寻找什么，但又不是很用心，就判断他想买东西但又并不急切。

销售员迎上去，热情地说："先生，您想看点什么？让我来帮您介绍介绍。"

"我随便看看。"客户老练地答道。

"那好，您要是看好什么我给您拿，不买也没关系。"

见销售员如此热情，客户似乎有些不好意思，便说："请把那个灯管拿给我看看。"

销售员拿过来两个型号的灯管，同时给客户介绍了这些商品的产地、特点，还说明其中有一种目前很畅销，店里只剩下几个。客户听了，便掏钱买了一套。

临走时，客户说："我本来只是想看看，不想买，是你那句'不买也不要紧'使我动了心。"

对于世故型客户，千万别想着忽悠，那样是肯定不行的。怎么做呢？上面案例中的销售员很好地做到了这一点，那就是保持热情，这样对方往往会被打动。

世故型客户大多表现得比较沉稳，一般不轻易开口说话，也不会轻易受销售员及周围其他人的影响。他们会凭着自己的眼力及通过公司的成立时间、规模、产品、品牌、企业文化、口碑等诸多方面，来判断销售员所在公司的综合实力，进而推算公司是否具备生产制造好产品的能力及公司是否诚信。此类客户多数是知识分子，属于理智型消费者。

另外，世故型客户大多经历了很多人生的风雨，为人难免圆滑，也很难让人猜透心思。因此，在谈话的时候，销售员要实事求是，切忌不懂装懂。在真诚的基础上保持热情的服务态度，或许更能获得他们的好感。如果你不能打动他们的心，处理得不够好，绝对是在浪费时间，结果只能是双手空空；不但不能达成交易，甚至连客户有什么样的需求都搞不清楚。

另外，面对这类客户，销售员说话要尽量围绕产品，比如相比其他同类产品的优势，或者是本行业将来的发展趋势。因为这些客户看重的是实实在在的利益，对自己没用的东西绝对不会去买；对自己不利的项目绝对不会去尝试。这类客户尽管话很少，但是你要清楚，他们比谁都有一套。

那么，具体如何去应对这类客户呢？

首先，在和这样的客户交谈的时候，不能拐弯抹角，而应该开门见山、单刀直入，提问题直截了当，不给他含糊其词的机会。

其次，从话语里我们往往很难发现这类客户的弱点，所以要学会仔细观察他们的肢体语言，有时候心理上的东西会在肢体上表现出来。当然，一个城府极深的人能很好地控制自己的身体状态，要小心他利用自己的肢体语言给你造成假象，故意引你上钩。

“便宜”是更贵，别怕爱占便宜型客户

爱占便宜的客户，总是希望销售员能便宜卖给他产品，甚至免费送给他。关于产品到底是什么样的，能给他带来多大的好处，他们往往是放在其次的。他们根本不会把销售员的介绍放在心上，在乎的仅仅是价格——越便宜越好，最好不花钱就可以拥有。当销售员让他们觉得占了一些便宜的时候，他们往往很快就下决心购买。所以，销售行业中才会流传着这样一句话：“客户要的不是便宜，而是要感到占了便宜。”客户有了占便宜的感觉，就容易接受你推销的产品。

比如，一些喜欢讨价还价的客户在购物的时候，常常用对方不降价自己就不买

来“威胁”商家，甚至假装离开，于是商家便妥协了，告诉客户：“算了算了，我们就要下班了，我不赚钱卖你算了。”“好吧，那就这个价格吧，这可是按进货的价钱给您的，您千万不要对别人说。”“今天您是第一单，图个吉利吧。”于是，客户自以为占了这种低价的便宜，便爽快地掏出钱包。像这样的情况并不少见，精明的销售员总能找出借口让客户觉得占了便宜。

来看这样一个故事：

古时有一个卖衣服的店铺，铺里有一件珍贵的貂皮大衣。因为它价格高昂，一直都卖不出去。后来，店里雇了一个新伙计，新伙计向老板夸口说一天之内就能把这件貂皮大衣卖出去。掌柜不信，因为这件貂皮大衣已经挂了两个月了，对它感兴趣的人很多，但一听价格，就都转身走人了，怎么可能在一天时间里卖出去呢？

可新伙计非常自信，坚持要求掌柜配合他，要求不管谁问这件貂皮大衣的价格，一定要说是800两银子，而其实它之前标的价格只是600两银子。

二人商量好以后，新伙计就开始等候客人光临。快下午的时候，店里进来一位妇人，在转了一圈后，看上了那件卖不出去的貂皮大衣，问新伙计：“这件衣服多少钱？”

新伙计指了指耳朵，意思是说他听力不好。妇人大声说了一遍，新伙计才点了点头，说我帮你问下掌柜，说完就冲着后堂大喊：“掌柜的，那件貂皮大衣多少钱？”

掌柜按之前计划好的回道：“800两！”

“多少钱？”伙计又问了一遍。

“800两！”

掌柜声音很大，妇人听得很清楚，她心里觉得太贵，不准备买了。

这时新伙计却对妇人说：“掌柜的说600两！”

妇人一听顿时喜出望外，认为听力不好的小伙计听错了，自己能少花200两银子就买到这件名贵的貂皮大衣，又害怕掌柜的出来就不卖给她了，于是付过钱后便匆匆地离开了。就这样，新伙计很轻松地把滞销了很久的貂皮大衣按照原价卖出去了。在这个案例中，新伙计就是利用了妇人的占便宜的心理，利用价格的悬殊对比来让客户就范的。

当然，新伙计的这种做法并不值得提倡，因为毕竟是欺骗客户。但是从某些方面来看，这何尝不是对人性的拷问，对某些人爱占便宜心理的操控。

真实销售中，我们不能像新伙计那样欺骗客户，但确实要学会利用这类型客户爱占便宜的心理，给他们一些小便宜，这样也许更容易实现自己的“大便宜”。

此外，需要指出的是，面对爱占便宜型客户，销售员不能有求必应，不能客户想占多大的便宜都去满足。当发现客户有得寸进尺的倾向时，一定要想办法打断他这种不切实际的想法，不过说话的时候要柔中带刚，尽量让他们理解你或公司的苦衷和难处。

第六章

讲好故事，让销售更具说服力

故事可以传达信息、赢得关注、获取信任、唤起情感，是销售话术中最具说服力的一种。好的销售员，应该是一个会讲故事的高手。

一个好的故事，能轻易拉近与客户的距离

销售员是靠口才吃饭的，而讲故事非常考验一个人的口才。人人都喜欢听故事，因此以讲故事代替介绍产品，把故事讲得绘声绘色、声情并茂、真情流露，往往能够收到很好的推销效果；不仅能够充分展示一个销售员的个人魅力，也能够为客户带来愉悦的享受，在短时间内拉近彼此之间的距离。

方孟从一所著名的地质大学毕业后，出人意料地找了一份销售的工作，不过销售的产品与地质相关，这也让他比其他同事更具有专业优势。刚工作不久，他去拜访一位矿业公司的老总。这位老总没读过多少书，是个脾气执拗、注重实践的人，他不太信任那些文质彬彬的专讲理论的销售员。

在和方孟聊了一会儿，简单了解了方孟的这个人和他要推销的产品后，老总直言不讳地说："我不喜欢你这样的销售员，理由就是你在大学期间肯定学了一大堆傻子一样的理论。因此，我不打算买你们的产品。"

面对突发情况，方孟一阵心慌，但迅速想到了应对方法。他假装胆怯，对老总："如果您不介意的，我将告诉您我真实的经历。"老总表示不介意。方孟便说道："其实在大学期间，我一点学问也没有学回来，我尽顾着在外面兼职，多挣点钱，多积累点实践经验了。"

老总立即哈哈大笑，连忙说："好！这很好！那我们就有很多共同话题了！"

销售员方孟深深懂得一个故事的力量，他只是简单说了自己的经历，就轻易地

与客户拉近了距离。

在销售中，恰当的故事不仅可以拉近与客户之间的距离，有时甚至能使站在对立面的客户与销售员达成一致。

那么，如何讲故事才能拉近与客户之间的距离呢？

首先，讲故事要有一个明确的目的。在讲故事前，销售员要知道自己希望客户做什么或者客户有什么样的回应，只有先明确这一点，讲出的故事才能拉近与客户的距离。

其次，讲故事要寻找合适的题材。你经历的、知道的或看到的总会有合适的题材与你要讲的观点相符合，不管是从正面直接支持，或是从反面证实，都是可以的。

再次，讲的故事最好是真实感人的。如果你的故事无法感动客户，那别说拉近距离，有时甚至会适得其反。

最后，讲故事要用恰当的语句和声调把故事的情感表达出来。尤其是故事的关键部分，一定要着重强调，以便引起客户的注意。

真实的故事，最具说服力

在销售中，运用讲故事的方法，效果比想象的要好得多，尤其是真实的故事，对客户往往极具说服力。

某位保险行业的销售女精英，不幸因为乳腺癌切除了右边的乳房，但性格乐观的她仍然非常积极地生活和工作，她说："能活着就是最大的幸运！"

没过多久，更大的不幸降临了——她发现自己得了子宫癌，于是又将子宫切除。在旁人看来，她少了一边乳房、没了子宫，一定会变得悲观沮丧，然而她还是活得很积极、很乐观。在休养一段时间后，她继续上班，没有放弃保险这个挑战性极大的行业。她说："真的要感谢我进入保险公司工作，否则我不会买这么多防癌险。现在，我如果每月去一次门诊，就赚1000元；如果每个星期去一次门诊，就赚4000元；假如一个星期到门诊两次，一个月就赚8000元……所以，我根本不必考虑经济问题，即使退休以后也不用担心……每当我遇到不买保险的客户时，我就会通过自己的经历告诉客户：'就算你什么保险都不买，至少也要买医疗险。'"通常，当这位女性讲完自己的故事后，客户就会产生购买的意向。

讲故事销售适用于很多行业，曾经有一位卖健康食品的销售员，在看到客户喝水时就开始讲水的故事，说着说着就提到饮用水的重要性，再说着说着就聊到自家的健康食品。

某销售精英为一家化妆品公司进行培训，他告诉推销化妆品的销售员，要善于使用讲故事销售法，因为买化妆品的客户大多是女性，女性又是比较感性的，很喜欢聊天、听故事，因此讲客户使用产品后所发生的变化，或是将公司产品的优点编成故事，生动地讲给客户，往往能让客户动心。

我们每个人都是听故事长大的，销售员也不例外，但销售员是否会对客户讲故事呢？是否会用真实的故事去打动客户呢？这是销售员们必须认真思考的问题。

做一个造梦高手，为客户编故事

面对现实的各种无奈，人们总会通过幻想来缓解心理压力和获得心理快感。销售员会幻想自己能成为一个销售精英，年薪上百万，住别墅、开豪车；客户会幻想自己用最好的产品，享受最好的服务……

一位著名的销售大师曾经说过："如果你想引起对方吃牛排的欲望，将牛排放在他面前不失为一种方法，但是，最令人无法抗拒的是煎牛排时发出的声音。他会想到牛排正躺在黑色的铁板上，吱吱作响，香气四溢，色泽诱人，这就是想象力带给人的无限欲望。"

有一位从事人寿保险业务的销售员拜访了一位完全有能力投保的客户。那位客户虽然表明自己很关心家人的安全，但当销售员劝说他投保时，他却提出不少异议，并进行了一些琐碎且毫无意义的反驳。销售员意识到，如果不用点什么好对策的话，这次销售大概不会成功了。

于是，销售员凝视着那位客户说："先生，我真不明白您为什么还在犹豫不决！您已经对我说了自己的要求，而且您也有足够的力量支付有关的保险费，您也爱您的家人。不过，我好像是对您提出了一个不合适的保险方式。也许我不应该让您签订这种保险合同，而应该签订'29天保险合同'。"

说到这里，销售员稍微停顿了一下，又说道："关于'29天保险合同'的问题，我想简单地说明一下。第一，这个合同的金额和您所提出的金额是相同的；

第二，满期退还金也是完全同额的；第三，‘29天保险’兼备两个特定条件，那就是设想您万一失去支付能力而无力交纳保险费，或者因为事故而造成死亡时，则约定‘免交保险费’和‘发生灾害时增额保障’的条件。这种‘29天保险’的保险费，只不过是正常规模保险合同保险费的50%。单从这方面来说，它似乎更符合您的要求。”

那位客户吃惊地瞪大了眼睛，脸上放出异彩：“那么，如果根据我的钱包考虑，比以前所说的就更合适了。可是，所谓‘29天保险’到底是什么意思？”

“先生，‘29天保险’就是您每月受到保险的日子是29天。比如这个月是4月份，有30天，你可以得到29天的保险，只有一天除外。这一天可以任由您选择，您大概会选星期六或星期天吧？”

销售员再次停了片刻，然后再接着往下说：“这不太好吧？恐怕您这两天要待在家里，如果按统计数据来看，家里也是容易发生危险的地方。”

销售员看着那位客户，像是在等什么。过了一会儿，他又开口了：“从公平的角度来看，先生，即使您让我马上从您家出去，那也是情理之中的事情。我说了不应该说的事情，我显然忽略了您的家庭将来的幸福，而您却是家庭责任感很强的人。我在说明这种‘29天保险’时说，您每月有一天或两天没有保障，我担心您会想：如果当天我死去或被人杀害该怎么办？

“先生，请您放心。保险行业虽然有各种各样的保险方式，但目前我们公司并未认可这种‘29天保险’。我只不过冒昧地说说而已。那么，为什么我还要说呢？我想，如果是您的话，也一定会想，无论如何也不能让您的家庭处于没有保障的不安状态。您大概会有这样的感受吧，先生？

“我确信，像您这样的人从一开始就知道那种合同的价值，它规定，客户在一周7天内一天不缺，在一天24小时里连一小时也不落下，不管在什么地方，也不管您在干什么，都能对您进行保障。让您的家人得到这样的保障，难道不正是您所希望的吗？”

这位客户完完全全地被说服了，心服口服地投了费用最高的那种保险。所谓“29天保险”，就是这位销售员编出来的故事，但效果却是出奇的好。

不过，在销售实战中，销售员最好充分认识到客户的幻想心理，为客户编一个有趣而美好的故事，同时还要让客户在“梦里”看到现实中的利益，让他们沉迷在你所编造的故事情景中，最后情不自禁地签单。

客户的幻想大多时候是被动的，需要销售员来激发。编一个故事，激发客户的想象力，替客户造梦，这是一种体验式的故事销售。让客户在美好愿景下完成交易，客户买得舒心，你成交得也顺心。

不过，编故事虽然能吸引住顾客的心，但若没有实际的利益让顾客动心，其效果往往适得其反，因而在编故事为客户造梦时也需要注意一些问题。

首先，编故事必须贴合客户的幻想。要做到这一点，就要求销售员拥有察言观色的本事，通过客户的年龄、性格、身份等信息，窥测出他们的购买动机和喜好，然后再有针对性地编故事。

其次，编故事的关键是要切合客户的心理，比如客户穿上一件高档衣服，心里觉得自己是一个成熟的都市白领，可销售员却偏说对方像个大学生，那故事就编得太失败了。

再次，在编故事的过程中，不能一个人唱独角戏，要随时留心客户的反应，这有利于销售员及时发现问题，随时调整自己的表述。如果客户对你的描述非常冷淡，就应该寻找其他的销售策略，打开突破口。

最后，适当用一些流行词汇。可以借鉴互联网的经典词汇和语录或经典作品中段落。

把故事讲得引人入胜，这很重要

销售高手往往也都是讲故事的高手，能把一个故事讲得引人入胜，让客户不由自主地听下去。

1997年，台湾统一企业推出了一款新式咖啡——“左岸”，定价在25元左右，而当时台湾市场原有的咖啡定价都在15元左右。高出10元的价格，如何销售呢?

统一企业没有采用通常的销售方法，而是给以年轻女性为主的客户群体讲故事。统一企业所讲的故事短小精悍，且很有味道，极为引人入胜，就像“左岸”咖啡一样让人回味：

旅行的人/总带着脆弱的灵魂

他在找一架钢琴/我看见他走进咖啡馆/想送给E大调，练习曲

他只点了一杯卡贝拉索/但爱情是交响曲

这个时刻/人来人往正以练习曲的步调在我们之间进行

E大调练习曲/便成为离别曲

这是1849年之前的事/他是肖邦

我们都是旅人/相遇在左岸

故事很少谈及咖啡本身，而是塑造出一种引人入胜的境界，与目标客户群产生了良好的互动，左岸咖啡自此畅销。

那么，销售员如何才能把一个故事讲得引人入胜呢?

首先，要让客户听得懂。在跟客户讲故事的时候，我们首先需要考虑的是要讲关于人的故事，还是讲关于产品的故事，或者是讲关于服务的故事。明确要讲的内容后，我们可以这样简单地开始："我以前遇到过一位和您有一样想法的客户，他当时……""我们的产品之所以要包装成这个样子，是因为……""我们的售后服务是这样做到让客户满意的……"当你以简单易懂的形式开始讲故事时，就更加能够抓住客户的注意力，让客户跟着你的节奏进入故事所要描述的情境。

其次，好的故事要有冲突性。假如故事总是以平铺直叙的方式跟客户讲，那自然没有办法引起客户的兴趣，所以好的故事需要有冲突性。在制造冲突性的时候，可以选择两种故事类型：一种是推理故事，一种是幽默故事。讲推理故事，是通过逻辑分析告诉客户，买与不买都有什么样的结果；讲幽默故事，是通过喜剧效果，让客户充分感受买的好处或者不买的坏处。

最后，一个引人入胜的故事要有画面感。在故事中给客户创造画面感，激发客户的想象力，是最容易引导客户进入故事情境的。对于销售人员来说，要创造画面感，对文字的功底要求往往比较高，因此销售员在平时的学习中，不仅要学习专业技能，还要提高自身的综合素质。

销售讲故事的最高境界——简单

会讲故事不代表在做销售的时候就能够讲好故事，就像我们看到很多人在和朋友聊天的时候能天南地北侃侃而谈，可到了公众场合却一句话也说不出来，不仅仅是因为他面对公众时会恐惧，还因为他缺乏在公众前说话的技巧。销售讲故事是以销售结果为导向的，目的是达成交易，因此销售讲故事时就需要去除各种与销售无关的故事背景和细节，也就是说，越简单越好。

用几句话或一句话甚至一个词，就形成一个故事，是销售讲故事的最高境界。

1.几句话就是一个故事

有一个人来到一家家具店，在跟销售员的沟通过程中对产品是否环保产生怀疑，这时销售员没有着急去解释自己的产品用了多么环保的材质，而是微笑着跟客户说道："先生，您看我的肚子，我都怀孕几个月了，还在这里上班。要是不环保的话，我肯定早就辞职不干了。"销售人员用两句话将自己的处境讲给客户听，这就是证明自己产品环保的好故事。几句话就讲出一个故事，对于很多销售人员来说并不容易，不过，当你习惯了用讲故事的技巧去做销售，当你习惯了不断收集和整理讲故事的素材，那么这就会变得相对容易。

2.一句话就是一个故事

某青少年心理辅导机构的销售员在向客户谈及公司的业务时，只用了简单的句子——"叛逆、网瘾、厌学、难沟通，问题孩子，我们都能帮您解决！"一个句子，就把客户生活中遭遇到的问题给形象地勾勒了出来。不难想象，只要客户存在这方面的问题，就肯定会产生共鸣。

3.一个词就是一个故事

提到飘柔洗发水，想到的词是"柔顺"；提到德芙巧克力，想到的词是"丝滑"，一个词能够在客户的大脑中创造出跟产品完美结合的画面感，就是一个好的销售故事。销售员要提升讲故事的能力，必须修炼自己的语言功底。当你能将一个销售故事精简到一个词，而且这个词能打动你的客户的时候，那你就成为当之无愧的销售高手了。

有的放矢，故事是为销售服务的

小宇是一家棉被厂的销售经理。因为当地有许多家棉被厂跟他们厂竞争，而他们厂的棉被又没有特别明显的优势，因此销量始终不太好。小宇费尽心思，也没有想到好的销售办法，只好走一步算一步。说来也巧，有一次，他在网上查资料时看到的一个小故事，竟然帮他解决了大问题。

这个故事的大致内容是这样：在日本战国时代，有一位非常孝顺的儿子，他从遥远的地方买到一套棉被送给他重病的父母，那条棉被是紫色的。出人意料的是，他的父母因为盖了这套棉被，很快就大病痊愈，恢复了健康。

看到这则关于紫色棉被的小故事，小宇马上就联想到自己厂子里生产的棉被。他顿时计上心来，决定好好利用一下这个小故事。

回到厂子以后，小宇叫来策划人员，大家一起商量，将这个故事精心编撰，使其更富有传奇性。然后，小宇叫来销售人员，让他们熟读这个故事，在销售时讲给客户听。与此同时，小宇通知厂房，先生产出一批紫色棉被。结果，在很短的时间里，这个故事一传十，十传百，很多人都知道了孝子送紫色棉被让父母恢复健康的故事，紫色棉被也逐渐畅销，并一度供不应求。

在这个案例中，小宇正是用一个孝子的故事准确抓住了客户的心理，通过故事让客户进入到有利于销售成功的情境中，从而为自己的厂子带来转机。

一个好的故事对客户往往极具说服力，那么何谓好的故事呢？对销售员来讲，好故事最基本的前提就是有的放矢，要针对你的产品、你的客户，不能胡乱发挥，否则故事再动听，对销售工作也没有意义。所以，在想给客户讲故事之前，销售员需要对产品的特点和客户的心理需求进行准确分析，知道什么样的故事适合把你所销售的商品包装成客户所想要的样子。

销售员给客户讲故事，是带有销售性质的。故事一定要有针对性，要向最有利于销售、对客户的购买决策最有冲击力的方向靠拢。

小故事，大销售——讲好小故事的几个技巧

“这事可不可以提前啊？实在不行，你把我缴过的会费退给我就好，利息就算了。”

在丈夫得了重病后，美子为了互助会的事不堪其扰，一些会员担心她一手创办的互助会垮掉。她是会长，这个互助会是以亲朋好友为主组成的。丈夫病重，会员要求退费是难免的，但她已解释再三，无论如何不会让大家吃亏的。

“我们家在这里已不是一两年，难道我们的为人你们还不了解吗？我们不曾欠过人家一分一毫的嘛！”

尽管这样说，亲朋好友的疑虑还是无法消除。

佳子的丈夫是美子丈夫的好朋友，两人平时关系也不错，但现在佳子也着急地跑来要求退会费。

“美子，我们家最近买房子，贷款本息负担很重。能不能商量一下，把会费还给我们。”

美子感到世态炎凉，说不出话来。

“我是不得已才做这样的要求的。”佳子继续说。

“佳子，我丈夫和你丈夫是多年的知心朋友，你这样苦苦相逼，叫我很心痛。”场面顿时尴尬起来。美子本来想把丈夫有张人寿保单的事说出来，但是心想，这样说好像期盼丈夫早点去世。她在心里已经考虑过，即使丈夫走了，以自己的收入加上保单赔偿，互助会是不会有问题的。

然而像佳子这样的会员有两三个，尤其是佳子，讲话更是露骨，丝毫不顾交情，很难应付。

“佳子，我丈夫还没有死，你不用担心，就算我做牛做马，也不会欠你们钱的。”

“这个我不管啦！”佳子不愿就此打住。

“我们家的经济现在是出了危机，你不必这样。按规矩，互助会参加了一半，是没道理退出来的。”美子语气强硬了起来，不再软弱。佳子眼看情况不对，只好回去。

一边看着丈夫因癌细胞扩散而身体一天天虚弱，一边又要应付各种经济上的问题，美子有点承受不住。但是这家除了她，谁来撑呢？孩子还小，美子必须坚强起来。

“不要烦恼，看开些。我们已没什么好损失的了，担心什么？”婆婆安慰着日渐憔悴的美子。

“我知道。”到了这步境地，美子也认识到，光烦恼是没用的。

丈夫最终还是去世了。丈夫的保单索赔有100万，办丧事及医药费花去大部分，但是至少不用去借。剩下的三十几万存着，美子心中踏实多了。否则，万一家中又有人生病，那就要借钱。

“借钱，越有钱的人借钱越容易，越穷的人借钱越困难。”美子说道。

上面这个小故事来自于推销大师原一平，故事也足以说明，在世态炎凉、人情似纸、生活艰难的处境下买保险的好处，听后可令客户抹一把同情之泪，然后再考虑投保。

在销售过程中，讲好小故事是很重要的一环。原一平讲保险小故事相当传神，客户往往听得激动起来。讲到令人鼻酸的重点时，原一平还会掉下眼泪。

有人问他："你是怎么训练自己讲保险故事的？"

原一平说："有些人以为我本身就具有近乎演员的天赋，其实不是。我自己每要讲一个保险小故事，就像演员一般从背诵剧本到融入当事人角色，认真地练习一二十次，直到抓住故事的精髓为止。"

任何事，用心或不用心，差别就在这里。原一平的能耐不是凭空得来的。

优秀的销售员往往像原一平一样，是讲故事的高手，因为在销售的话术中，要运用到讲故事的地方实在太多了。不过，引用小故事、小寓言不同于引用真实案例，需要掌握一定的要领。

1.改写剧本，添增趣味性

引用实例就是把一项事实加以转述，以其真实性达到销售效果，但引用小故事就不一样了，只要摘取原故事的大纲，其他的枝节删减或增加都可以，就算加油添醋、夸大其词也都是可以的，主要目的是利用故事的趣味性博得客户会心一笑或打动客户，让客户敞开心扉。所以，绝对不要将其他销售员曾引用的故事原封不动地搬过来，一定要用自己的语气改写内容，让老掉牙的故事有一番新的面貌。

2.略带恐怖或幽默

小故事的内容一是要让客户略觉恐怖，二是要让客户觉得幽默。前者可以让客户产生恐惧——"不买的话会有何后果"，后者则让客户产生想象——"买了的话将可享受××乐趣"。在接近成交阶段引用小故事，以具有幽默效果为宜；在促成阶段，则以具有恐怖效果为宜。

3.突然引用

这是引用小故事的诀窍之一，所谓“突然引用”就是说不要先来个开场白“有个故事是这样的……”。不需要做预告，单刀直入开讲就可以了。因为当客户一听到“有个故事是这样的……”往往会认为那只是个故事，和自己没有关系。

第七章

提高说服力，你能说服任何客户

会说服，销售就如坐电梯；不会说服，销售就如爬楼梯。每个销售员都应该提高自己的说服力，进而有效引导客户相信你、相信你所销售的产品，最终达成交易。

切中要害，把话说到客户的心窝子里

在说服客户时，如果一味地讲一些大道理，对方就会觉得你这个人挺啰嗦的。他烦你还来不及，又怎么会听从你的建议呢？但是，如果你能够抓住问题的关键，说到要害，把话说得在情在理，让客户明白你所说所做的其实是为了他着想，那么对方就会认真考虑你的建议，并最终为你的建议所打动。

杜维诺面包公司生产的面包远近闻名，不仅质量好，而且信誉佳。经营着这家公司的杜维诺先生是一个非常精明能干的人，他一直希望把自己的产品推销给当地的一家大饭店。一连4年，他天天给那家饭店的经理打电话，甚至在那家饭店专门包了一间房间，以便随时同饭店的经理洽谈业务，但是他始终一无所获。

杜维诺先生是个意志坚定的人，他具有不达目的绝不罢休的精神。他当然不会眼看4年的努力付诸流水，于是他着手多方打听那家饭店和那个经理的信息。不久，他了解到这家饭店的经理是美国饭店协会的会员，并且在最近担任该饭店协会的会长。他十分热衷于公益活动，不管协会的会议在什么地方召开，他都会驱车前往。在获得了这些信息之后，杜维诺先生的心中有了底。

第二天，杜维诺前去拜访该经理。在双方会面的时候，杜维诺一反常态，对面包的事只字不提，而是大谈特谈有关那个协会的事情。经理先生非常高兴，邀请杜维诺也加入这个协会。杜维诺毫不犹豫地答应了。

几天之后，这家饭店的采购部门给杜维诺打来了电话，请他马上把面包的样品和价格表送去。杜维诺喜出望外地赶到了饭店，饭店采购部门的负责人笑眯眯地对杜维诺说：“我难以想象你使用了什么绝招，使得我们的经理对你如此赏识。要知道，我们的经理可是一个非常固执的人啊！”

杜维诺哭笑不得，他感慨万千地想：我们公司的面包远近闻名，价廉物美。我努力了4年可是连一粒面包屑都没能推销给他，现在仅仅是因为我对经理感兴趣的事情表示了关注，形势居然完全变了。

杜维诺正是把握住了这单生意的要害——人的因素，才最终克服了难题。在说服客户时，作为一个理智而冷静的销售员，应该采取这种对症下药、切中要害的谋略，这样才能够一矢中的，顺利说服客户。

一对老夫妇来看一所房子，当房产销售员把他们领到房间后，他们看到房间里的地板已经很破旧并变得凹凸不平，脸色顿时难看起来。但当他们走到阳台上，看到院子里有一棵茂盛的樱桃树时，又立刻变得很愉快。

老妇人对销售员说：“你这房子太破旧了，你看地板都坏了。”

销售员敏锐地看到了他们对樱桃树的喜爱，就对客户说：“这些我们都可以给你们换成新的，最重要的是院里的这棵樱桃树，一定会使你们的生活更加安详舒适。”说着，销售员把老人的目光引到屋外的樱桃树，老人一看到樱桃树马上变得高兴起来。

当他们走到厨房时，两位老人看到厨房的设备很多已经生锈。还没等客户抱怨，销售员就对他们说：“这也没有关系，我们会全部换成新的，同时，最重要的是院里的这棵樱桃树，会让你们喜欢这里。”当销售员提到樱桃树时，客户的眼睛立刻闪出愉悦的光芒。樱桃树其实就是客户买下这所房子的“要害”。

在这个案例中，销售员通过观察客户的表情变化，敏锐地发觉客户潜意识中对樱桃树的喜爱。他能够迅速抓住这一点，因势利导，对客户进行种种暗示，给了客户一个购买的理由，从而及时发现、唤起甚至创造客户内心对于产品和服务的需要，恰到好处地对其进行说服，结果取得了成功。

所以说，要使说服获得成功，就要把话说到要害处，找到客户的弱点与软肋进行重点突破。只有把握住关键环节，运筹帷幄，击中要害，才能使说服完成得又好又快。

非此即彼说服术，让客户尽快抉择

在销售中，高明的销售员往往会采取一种“非此即彼”的说服策略。“非此即彼”说服术的要点是提供两种选择，让对方误以为没有第三种选择，从而操纵对方心理，达到自己的目的。在销售中，这种说服策略有时会取得奇效。

坂田是日本某棒球俱乐部的老板。棒球在日本是一项热门运动，一些王牌选手的名气之大、身价之高，都超出常人的想象。

每年的岁末，一些职业棒球选手就纷纷向所属球队谈论明年的调薪问题。因为在年度交替期间，如果不将待遇问题谈妥的话，到第二年就会是件麻烦事。

在调薪的谈判会议上，有一位王牌选手一口气就要求将年薪调高一倍，达1亿日元。这时如果球队老板回绝王牌选手的要求，就可能失去他，从而使球队的实力大打折扣；如果答应他，大把大把的票子就流进了人家的口袋。

好言好语地请求王牌选手通融一下，又怎么样呢？如果老板这么说：“以你的身价，当然值1亿日元，不过，鉴于球队的资金状况，希望你能接受8000万日元。”这时候，王牌选手肯定会一口回绝，他才不管你资金状况如何呢，你请不起，自有人请得起。

坂田是位销售高手，深通说服之道，在和客户谈判时，总是无往而不利，和自己手下的球员谈判时，也是如此。有一次，球队的王牌投手抱怨工资太低，要求他加到1亿日元，而且态度非常坚决。坂田笑嘻嘻地说：“以你的实力，要求一亿日元并不高，是很合理的价钱，但是我们球队原来只能付7000万日元，不过我想8000万日元还是值得考虑的，也许这件事情你我都应该好好地想想看。”

王牌选手不满地说：“你的意思是说，只肯付我8000万日元？”

坂田说：“不，我只是说8000万日元还有商量余地，不过，如果是7000万日元，我可以马上和你签约！怎么样，我们是不是彼此都考虑一下？”

王牌投手脸涨得通红，愤愤地说：“7000万日元？亏你想得出来！少于8000万日元，我绝对不干！”

坂田说：“既然你这么坚决，也只好依你。那就8000万日元吧！”

合同终于按坂田希望的那样签下了。这样，坂田既达到了自己的目的，又满足了王牌选手的虚荣心。

俗话说，“漫天要价，就地还钱”，讨价还价的双方并非认为某件商品一定只值或一定要值某个价，而是希望在可接受的范围内尽量对自己有利些。不过，卖方知道什么价一定不能卖，而买方却不知道什么价一定不能买。卖方了解的信息更多，总是处于主动地位。所以说，“会买的不如会卖的”。不过，如果买方知道卖方大概可接受的范围，也同样可用此招。因为买方知道卖方肯定想卖，卖方却不知道买方到底想不想买。在这方面，买方又是占主动的。

需要指出的是，使用这种说服方式时，销售员有两点要注意的事项：

首先，不能超越客户大概可接受的范围。这是一个涉及对方面子的问题。在上例中，如果坂田出的价格明显低于王牌投手的身价，王牌投手肯定不会接受。

其次，让客户有选择余地。例如，客户觉得某件衣服价格高了一点，销售员可拿出另一件价格较低的衣服说：“这件价格比较便宜，就是颜色老了一点；这件价格是高一点，不过样式比较新潮，很适合您。您想选哪一件呢？”这样客户会以为比较新潮的衣服就该有这么高的价格，比较之下，当然会选择适合自己的。

努力做到一开始就让客户说“是”

为了说服客户，销售员要尽可能使客户在开始的时候说“是”，尽可能不使客户说“不”。

在说服过程中，一个否定的反应是最不容易突破的障碍。当一个人说“不”时，他所有的人格尊严，都要求他坚持到底。也许事后他觉得自己的“不”说错了，然而，他必须考虑到宝贵的自尊。既然说出了口，他就得坚持下去。因此，一开始就使对方采取肯定的态度，是很重要的。

这种一开始就让客户说“是”的方法，使得纽约市格林尼治储蓄银行的职员詹姆斯·艾伯森挽回了即将失去的客户约翰先生。

约翰要开一个账户，艾伯森就给他一些表格让他填。有些问题他心甘情愿地回答了，但有些他则根本拒绝回答。

在没有成为销售高手之前，艾伯森一定会对约翰说：“如果您拒绝对银行透露那些信息的话，我们就无法给您开账户。”当然，像那种生硬的说法，会使自己觉得痛快，因为表明银行的规矩不容破坏。但那种态度，当然不能让一个进来开户头的人有一种受欢迎和受重视的感觉。

那天早上，艾伯森决定采取一点实用的技巧。他决定不谈论银行所要的，而谈论对方所要的。最重要的是，他决定在一开始就让客户说“是”。因此，他没有反驳约翰先生，而是说："您拒绝透露的那些信息，也许并不是绝对必要的。"

"是的，当然。"约翰回答。

"你难道不认为，把你最亲近的亲属名字告诉我们，是一件好事：万一你的账户有情况又找不到你，我们就能正确并不耽搁地联系他。"艾伯森又问。

约翰又说："是的。"

接着，客户的态度软下来了，当他发现银行需要那些信息不是为了银行本身，而是为了自己的时候，他改变了态度。在离开银行之前，约翰先生不只告诉艾伯森所有关于他自己的信息，还在艾伯森的建议下，开了一个信托账户，指定他母亲为受益人，而且很乐意地回答了所有关于他母亲的信息。

若一开始你就让客户说"是"，他就会忘掉你们之间的矛盾，而乐意去做你所建议的事。

将心比心，设身处地为客户着想

站在客户的角度谋划和考虑，了解他的心理、需求和困难，这种说服方法容易使对方接受。这就好比他瞌睡的时候，你适时地拿来了枕头；他热的时候，你悄悄地递来了扇子。你的行动恰如其分地迎合了他，当然就走进了他的心里，赢得了他的好感和信任。

很明显，如果可以做到设身处地为客户着想，甚至比客户更关心他的需求，那么你的说服就已经在悄无声息中成功了一大半。

某商店有位销售员很会做生意，他的销售额比一般销售员都高。有人问他：

“是不是因为你能说会道，所以才生意兴隆？”他回答说：“不是，我的秘密武器是当顾客是自己人。”

有一天，某位顾客站在柜台前东瞧瞧、西看看，还不时用手摸摸摆在柜台上的布料，却不肯买货。凭经验，这位销售员判断这位顾客是想买块面料，于是赶忙迎上去说：“您是想买这块料子吗？这块料子很不错，但是您要看仔细，这块布染色深浅不一。我要是您，就不买这一块，而买那一块。”

说着，销售员又从柜台里抽出一匹带隐条的布料，在灯光下展开，接着说：“您像是机关里的干部，年龄和我差不多，穿这样料子的衣服会更好些，美观大方，要论价钱，这种料子比您刚才看到的那种每米多三块多钱，做一身衣裳才多七块多。您仔细看看，认真盘算盘算，看哪个合算。”

顾客见这位销售员如此热情，居然帮自己选布料、挑毛病，于是不再犹豫，买下了销售员推荐的料子。

这位销售员之所以能成功地做成这笔生意，就是因为运用了将心比心术。他站在买者的立场上替顾客精打细算，现身说法，使对方的戒备心理大大降低，而且产生了一致的认同感，故而说服了对方，做成了生意。

再来看一个案例。

小赵和小贾是同一家公司的销售员，他们都曾到同一个客户那里推销过商品，结果却大相径庭。

小赵到了客户家里后，就迫不及待地介绍起了自己的产品。他的口才很好，滔滔不绝，绘声绘色，妙语连珠。但最后客户却不耐烦地打断了他的话：“很抱歉，先生！我知道你的产品很好，但是它真的不适合我。”小赵愕然，只能尴尬地离去。

小贾到这个客户家里去推销时，却是另外一种情况。刚到客户家里，小贾就利用和客户闲聊的空当，悄悄地观察起对方的家具布置，并以此推测出对方生活的档次和消费品位。当然，他做这项工作的时候，只是用眼睛快速扫过，仅仅用了几秒钟而已。但是就是这几秒钟，给了他判断客户的依据。于是，他在向客户介绍自己的产品时，先询问的是对方需要什么样的款式和档次，并且根据自己的判断，仔细地为客户分析产品能够为其带来多少潜在的利益，比如会为客户省下多少开销，几年时间能省下来多少钱，等等。这些话完全是设身处地为客户着想，客户自然被他深深地感动了，认为他值得信赖，于是便毫不犹豫地购买了他的产品。

来分析下小赵失败和小贾成功的原因：小赵只关心自己的需求，却没有关心客户的需求。而小贾他敏捷地捕捉到了客户的真实需求，进而将心比心。他很关心客户的需求，设身处地告诉对方如何通过这款产品获利。

不管什么时候，只要想说服客户，就一定要切记多想一想对方的需求。说服客户是我们的目的，而我们要实现自己的目的，就一定要将心比心，设身处地为客户着想，这样才能实实在在地赢得客户的信赖和好感，说服也才会更容易成功。

曲径通幽，巧用暗示说服你的客户

在销售实战中，有些时候是不便直接说服客户的。总是直言相劝，常常引起客户的反感，这时暗示法就派上用场了。

暗示，是指以不明显的方式向对方发出某种信息，使对方无意中受到影响，并做出相应行动的心理现象。暗示是一种被主观意愿肯定了的假设，不一定有根据，但由于主观上已经肯定了它的存在，心理上便竭力趋于承认它。

某人到医院就诊，诉说身体如何难受，而且身体日渐消瘦，精神日见颓废，百药无效。医生检查后发现此人患的是“疑心病”。后来，一位心理医生接受了他的求治。医生对他说：“你患的是××综合征。正巧，目前有一种特效药，专治你这种病症，注射一支，保证三天康复。”打针三天后，求治者果然一身舒泰出院了。其实，所谓“特效药”不过是极普通的葡萄糖，真正治好病的，是医生语言的暗示作用。

在许多情况下，我们都可以感受到暗示的神奇力量，比如广告语对我们的暗示作用。有时，我们可能记不住这个广告的影像，但却会对一些经常听到的广告语记忆深刻，从而对该产品产生极大的关注，其实这些注意是一种无意识的行为，是语言暗示的结果。一遍遍的宣传在人的潜意识中积累下来，当人们购物时，人的意识就会受到潜意识中这些广告信息的影响，不知不觉地去购买这个产品。所以，销售员也可以借助暗示语言的作用，让这些语言不经意间在客户的心中产生影响力，在客户的潜意识中留下印记，从而使说服的效果更为显著。

很久之前，曾经有一位电器公司的销售经理运用暗示法成功地说服一位客户高兴地买下了该公司一台电冰箱。当时，他看到销售员和一位女性客户在说话，便走过去说道：“这台冰箱很好，不是吗？”

“我看并不见得很好。”那位客户摇摇头回答。

“怎么，你认为这台冰箱不好是吗？这冰箱是由全国一流的工程师联合研制的，不管从外观、容量和结构，还是从性能和效果方面来看，都是很好的，你认为这冰箱有哪些地方不协调呢？”

“这几点倒还可以，只是不应该把那个圆圆的东西装在顶上，那多难看啊！”

“这你就多虑了，顶上那个圆盖子才是我们这种冰箱的最大特色。现在市面上使用的那种冰箱，其马达都是安装在厨房的，很不方便，我们这种冰箱却可以将马达安装在圆顶上，方便之极。你买了回去，邻家的太太见了一定羡慕不已，说你买了一台好冰箱！如果你买一台那种普通的冰箱回去，邻居见了，也不觉得怎么新奇，也许看一下就忘掉了，不是吗？”

销售经理说完就进去了。这位客户觉得很有道理，于是便爽快地将这台冰箱买走了。

人都是希望别人看重自己，这位客户也一样，希望别人把她看成一个能干的主妇。这位销售经理正是抓住这一点，不动声色地引导这位太太进入他预先布置好的“圈套”，最后不知不觉地将冰箱销售出去。这就是暗示说服的力量。

利用“登门槛效应”，一步步说服客户

在影视剧里，我们经常看到类似这样的场景：小徒弟生气地抱怨师傅怎么不教自己武功，每天都是砍柴、挑水、打扫院子，心里想着“我是来学武艺的，又不是来给你干杂活的”……

一般，师傅是不会搭理小徒弟的，他们总是什么也不说，仍然让小徒弟坚持干活。等了很长一段时间，小徒弟才明白师傅的良苦用心，知道师傅让自己干活是为了给以后打底子。师傅的做法就是“登门槛效应”的应用。

登门槛效应又被称作“得寸进尺效应”，是指一个人一旦接受了别人一个微不足道的要求，从认知上就会觉得很不协调，总想保持前后一致，这样很有可能会接受别人更大的要求。就像登门槛时要一级台阶一级台阶向上走，一步一步来更容易顺利地登上高处。

心理学研究发现，大多数情况下，人们都不愿接受较高难度的要求，因为费时费力，比较难达到目的；相反，人们总是愿意接受那些较易完成的要求，实现了较

小的要求后，才会慢慢接受较大的要求。

在销售活动中，我们也能经常看到这样的现象：一个客户本来不愿意购买销售员的产品，但是销售员可以先给他介绍一些和这个产品相关的小挂件，让他对这个产品产生浓厚的兴趣，一步一步攻破他的心理防线，这样就会很容易说服客户购买产品。

一些销售精英也发现，如果在门槛边上就开始说服客户购买产品，销售多半会失败；而一旦进入到主人家里，再说服客户，推销的成功率就会大大提升。但是，显然不能在门槛边上就说我要进你家向你推销东西。于是，不同产品的销售员就各显神通。比如，销售灭蟑药的销售人员，通常会先说："我是某某公司的，我们公司举办义务灭蟑活动，你们家有蟑螂吗？我免费帮你灭蟑。"于是，贪小便宜的，放不下面子的，就把此人请进家门，开始灭蟑。灭完蟑，你看人家灰头土脸的，比如给人家倒杯水，让人家小坐一下，也是人之常情。这时，销售人员就会全面展示自己的销售本领，而最后的结果是往往是主人又买了灭蟑药。

很多情况下，人们不愿意做一个"喜怒无常"的人，都希望自己能在别人面前保持一个比较一致的形象，这就给销售员提供了契机。当一个客户接受了销售员的要求，而且是很愉快地接受，那么再想拒绝就会变得很不好意思。如果销售员的要求很合理，在价格上能接受，客户一般不会拒绝，他会想"反正都已经买了，再买点也没什么"，于是"登门槛效应"再一次帮销售员达到了目的。

举个很简单的例子，很多销售员上门推销商品时，往往不会直接说服客户购买，而是先提出"试用"这个小要求，等顾客试用后觉得不错时，他们才会提出销售产品的要求。就像追女孩子一样，有经验的男生都明白什么事都不可能"一步到位"，他们会先约对方出来看电影、吃饭等，慢慢再提出进一步发展的要求，逐步达到目的。假如见面第一次就说："咱们结婚吧！"几乎所有的女孩子都会拒绝你。

“登门槛效应”对销售员自己也会发生作用。我们常说，一口吃不成胖子，心急吃不了热豆腐，什么事都不能太着急，说的就是这个道理。你想一下子就成为销售精英、销售总监这几乎是不可能的。每个真正的高手都是一步一步爬上来的，都是跨过一个个门槛才站在今天这个位置上的。正所谓，得寸才能进尺，一步登天和一夜暴富相比没什么差别，这是销售人员最大的忌讳，千万不能犯这样的错误。

请将不如激将，如何用激将法说服客户

在销售实战中，巧妙的激将法往往会让客户在不知不觉间顺着你的思路走，达到你想要的结果。

比如，一位女士在挑选新房家具时，对某种品牌的沙发较为中意，但又犹豫不决，这时销售员就可以适时激将一句：“要不征求一下您先生的意见再做决定吧？”这位女士一般会回答：“我自己可以做主，不用和他商量。”

再来看一个例子。

一家中外合资公司的总裁与一家乡镇企业的厂长在进行洽谈：

厂长：“总裁先生的魄力，的确比我们这些乡下人大得多，简直是一个大如牯牛，一个小如毫毛。这么大的魄力，虽然让我们佩服，但我们实在不敢奉陪，只能收回土地，停止合作。”

总裁：“好吧，我再让利一成！”

厂长：“不行，按我方投资比例，应当让利两成。”

总裁：“行，本公司原则上同意……”

上例中，厂长不说对方“黑心贪利”，而说其反语“魄力大”，又以“不敢奉陪”的“哀兵”战术以退为进激对方就范入瓮。

用激将法说服客户具有很多优点，其主要体现在以下四个方面：

（1）激将法能激起客户的自尊心，只要运用得当，往往能说服客户马上购买。

（2）正确地利用激将法，会迫使那些不愿讲实情的客户将其底细透露出来，从而获得更多的信息。

（3）合理运用激将法，可以减少客户异议，缩短整个成交阶段的时间。

（4）如果对象选择合适，不但不会伤害对方的自尊心，还会在购买中满足对方的自尊心。

不过，因为激将法的特殊性，其在说服时也有一定的局限性，其局限性主要体现在以下四个方面：

（1）在运用激将法说服客户时，会因时机、语言、方式等的微小变化而导致客户的不满、愤怒，以致危及整个销售工作的进行，所以使用时须慎之又慎。

（2）运用激将法时，销售员如果激错了对象，不仅不会说服客户，反而会置自己于险境，或使事情向更坏的方向发展，不利于成交。所以，在使用前，最好先对客户做个充分的了解。根据不同的交谈对象，采用不同的激将法，这样才能收到满意的效果，达到顺利成交的目的。

（3）在运用激将法时，销售人员要注意不能逼迫客户。尽管已经看到产品的好处和购买的利益，仍有不少客户受自尊心的驱使，不愿意就此放弃原有立场。如果销售员用激将法逼迫这些客户马上决定，客户必然感到难堪，导致成交困难。

（4）运用激将法时一定要注意火候，不能使用不痛不痒的语言，但也不能用过于尖刻的语言。

展示愉悦与痛苦，以此说服客户

销售员和客户沟通时，想要说服客户，一个重要的技巧就是向客户展示：如果他们接受了你的建议，你的产品和服务就会给他创造出巨大的愉悦感，同时也能让他们避免痛苦。如果他们不买你的账，你就向对方展示：他们的伤处会不断扩大，并在未来产生新的痛苦；如果他们购买你的产品或服务，你就会帮助他们治愈伤口。

下面这位销售员，就是巧妙运用这种策略来说服客户做出购买决定的。

销售员："阮太太，离你们不远的阳光小区的业主都安装了防盗报警装置。结果，小区的失窃率比你们小区下降了6个百分点。我相信您对小区安全也是同样关注的。"

客户："是呀。"

销售员："不知道你们小区有没有盗窃事件发生呢？"

客户："听说5号楼一户居民在今年3月份的时候丢过一辆山地自行车，价格不菲。"

销售人员："是啊，品牌山地自行车一般好几千块钱呢。假如发生在您的身上是不是也算一笔很大的损失呢？"

客户："是的，我可不想遇到这样的事！"

销售人员："那您有没有想过安装了我们这种防盗装置后，就会免遭这种情况呢？”

客户：“是吗？只是我对你们的产品不是太了解。”

销售人员：“请问有没有人给您仔细介绍过我们的产品？”

客户：“没有。”

销售人员：“这样啊。那我过去给您介绍下我们的产品。您看明天下午是否有空？”

客户：“可以。”

销售人员：“好的，那我们明天见。”

作为销售员，向你的客户展示愉悦与痛苦，这是一个有效的说服策略。客户的恐惧痛苦、追求愉悦的愿望越强烈，被说服的可能性就越大。这一点，销售员应该铭记于心。

道具配合话术，说服更具威力

销售说话不可太过刻板，不能一味滔滔不绝，适时用道具陪衬话术，往往更能让客户有兴趣听下去，也更能说服客户。

30多年以前，美国激励大师金克拉在美国销售厨具。一天，他向一位附近有名的“守财奴”乔治先生推销厨具：“乔治先生，我这里有您所看过和用过的厨具当中最好的厨具，您太有必要拥有一套了。”

乔治说：“真高兴看到你，我们彼此都知道我是不可能花400块买些锅碗瓢盆的。不过，请你进来坐下聊聊天还是可以的。”

乔治的话让金克拉有点无所适从，因为这个开局实在是不理想，但金克拉还是笑着对他说："您可能觉得您不会买东西，但我可不这样认为。"

乔治："我再说一次，我可以和你聊天，但我不打算买任何东西。"

金克拉："您知道我们有许多共同点吗？"

乔治："喔？有哪些？"

金克拉："是这样的，我听您的邻居说，您在这个社区里出了名的保守。我与您一样，做事也比较谨慎。"

"但是，他们认为您保守，而我却不这样认为，只是您的邻居对您不够了解。"金克拉，"假如我记得没有错的话——您已结婚23年了。"

乔治："是啊！事实上到8月就满24年了。"

金克拉："好，让我问您一个问题。您是否还记得您说如果用我的厨具煮东西每天可以节省1元？那已是上个月的事情了。也就是说，您每天肯定至少可以节省1元，是不是？"

乔治："是的，至少1元。"

金克拉："那，假如您有了这套厨具后每天可省下1元，也就是说假如您没有它的话您每天将浪费1元，对不对？"

乔治："我想你说得没错。"

金克拉："我怎么说并不重要。毕竟这是您的钱，您的意见如何？"

乔治："我应该会和你的看法一致。"

金克拉："不说一天省下1元，假设一天省下5角，这样的假设非常保守，您说是不是？"

乔治："肯定是。"

金克拉说："好！假如这套厨具每天帮您省5角，也就是说每两天您太太不使用这套省钱的厨具，等于是她把手伸进您的口袋，取出一张全新整洁的1元纸钞，把它撕成碎片，再把它丢掉，是吗？”这时候，金克拉先生的道具上场上了。他慢慢地撕毁一张整洁崭新的1元纸钞，并把碎片丢到地上。

金克拉：“我亲爱的客户，您可以忍受1元的损失，但是根据您的邻居所说，您不会觉得高兴。照您邻居的看法，虽然这漂亮的房子是您的，但您还需缴贷款；这120平方米的房子是您的也是银行的，您不希望有任何的浪费。现在，亲爱的客户，您可以了解一天损失5角钱的意义了吗？也就是说，您和您的太太每40天从口袋里拿出一张崭新整洁的20元纸钞，把它撕成碎片再扔掉。”金克拉慢慢地撕掉一张20美元纸钞，并故意撕得嘶嘶作响。

金克拉看着“守财奴”乔治问道：“乔治先生，我撕1元钞票时你觉得如何？”

乔治：“我想你疯了。”

金克拉：“那我撕掉20美元时您觉得如何？”

乔治：“我的脑子里一片空白，但我知道你确实做了。”

金克拉：“您想那是谁的钱？”

乔治：“当然是你的。”

金克拉说：“但是，当我在撕它时您感到痛苦了，是吗？”

乔治：“的确是。”

金克拉：“我可以问您一个问题吗？”

乔治：“当然可以。”

金克拉：“您有没有一丝感觉那是您的钱？”

乔治：“你为什么会这样认为。”

金克拉：“很简单。您告诉我您已结婚23年了，就算是20年吧！您已经告诉我这套厨具每天可以省下5角——最少，也就是说，如果您没买这套厨具，您一年会因而损失180元。换句话说，20年来您已经因为没有这套厨具损失了3600元，就是因为您没有花395元去买这套厨具。他们可以说您很小气？我想那是他们的说法。

您其实很大方，舍得一年损失180元。”

乔治说：“这真是糟透了。金克拉先生，在接下来的20年我将要为不买这套锅子而再多付3600元的代价。我知道我说过不愿意花钱买一个400元的锅子，但当我看到这套锅子的省钱功用与煮食价值，又可以为我的太太节省许多工作之后，这让我了解了买它的益处。坦白地说，我非常爱我的妻子与家人，我不愿意因我的顽固让我的家人错失可以为我们带来乐趣的东西。”

此后“守财奴”乔治成为金克拉最好的朋友，也是金克拉最大的销售“推进器”。当人们得知社区内最节省的人都买了，大家都纷纷买了金克拉的厨具。这一切都归功于金克拉的说服道具——钞票。

真正的销售高手往往具有这样一种特征：他们善于运用各种手段，把不可能的事变为可能；他们遇到阻碍时会想办法绕过去，而不会一根直肠子一通到底；他们能将话术和智慧完美结合起来，制造出一种不可抗拒的说服魅力。

在销售时，就得像金克拉那样，利用一切可以利用的道具配合巧妙的说服话术，才能百战百胜、无往不利。

下

篇

怎么听，客户才肯说

第八章

客户的话比你的话更值钱

最有价值的人不一定是最能说的人，善于倾听才是做人成熟的标志。一名优秀的销售人员，要善于从客户的话语中捕捉信息，从中了解到客户的心理需求，因为客户的话永远比你的话更值钱。

说话是银，倾听是金——会听比会说更重要

西方有一句著名谚语："雄辩是银，沉默是金。"而在销售中，也有一句著名的格言："说话是银，倾听是金。"

刚开始从事销售工作的小付去一家运输公司，向该公司推销自己公司的汽车维修服务，见到了该公司的负责人杨经理。

小付："杨经理，经过仔细观察，我发现贵厂自己维修所花费的钱，要比雇用我们来干花得还多，是吗？"

杨经理："我也计算过，我们自己干确实不太划算，可是你们公司缺乏大货车方面的……"

小付："噢，对不起，我能插一句吗？有一点我们想说明一下，没有人能够做完所有事情的，不是吗？修理汽车需要特殊的设备和材料，比如……"

杨经理："对，对，但是，你误解我的意思了，我要说的是……"

小付："您的意思我明白，我是说，您的下属就算是天才，也不可能在没有专用设备的情况下，干出像我们公司那样漂亮的活儿来，不是吗？"

杨经理："你还是没有搞懂我的意思，现在我们这里负责维修的人是……"

小付："杨经理，先等一下，好吗？就等一下，我只说一句话，如果您认为……"

杨经理："你现在可以走了！"

小付被杨经理下了逐客令，原因就是他三番五次地打断杨经理的话。在销售中，这是大忌！

在销售过程中，绝对不要随意打断客户的话，要让客户心平气和地把话讲完，即便客户的意见里有不符合实际情况之处，也要先听下去再说。只有在情况非常特殊之时，也就是到了非说不可的时候，才能找时机插话或者打断对方。

让客户充分说话，即便你知道他将要说什么，也不要试图打断他。对客户要有礼貌，认真地倾听，恰当地做出反应。切记，没有任何客户愿意跟那些自作聪明的销售员打交道。要是你不能表现出对客户及其话题的兴趣，你永远也不会赢得客户的信任。

有一次，赵凡和一位同事一起去见某公司的兰总。兰总的话不多，但为人精明，早年从事发行工作，经过多年奋斗成为当地数一数二的发行商，后来又开办造纸厂，成为纸张生产与发行行业中的佼佼者，备受同行尊重。

闲聊几句后，双方进入正题。刚开始，在赵凡向兰总讲解所推销的产品与造纸业之间的关系时，兰总始终低着头，看也不看赵凡一眼。

由于看不到兰总的脸上表情，赵凡感觉心里虚虚的。于是，他只讲了三分钟便停了下来，靠在椅背上等着，接下来就是尴尬的沉默。

这种情况让跟赵凡一起来的那位同事如坐针毡，对这种尴尬的静默快受不了了。同事担心赵凡会失败，便想打破僵局。当他正准备要说话时，看见赵凡在摇头，于是便明白了赵凡的意思，不再开口。

这样尴尬的沉默又持续了一分钟，那位一直低头的兰总终于抬起了头。双方彼此对视。赵凡没有开口，他明白自己必须沉住气。

兰总终于开口了，他平日并不善于言谈，这次却说了足足半个小时。他说的时候，赵凡就只是倾听，一句话也没说。

兰总说完了，赵凡才开口：“兰总，您说的话对我很有帮助。您告诉我这样一个事实，您比大多数人都有想法。最初，我来的目的是想帮您这位成功人士解决问题的。没想到，通过与您的交谈，我了解到您已花了两年时间来设法解决这个问题。尽管如此，我还是很乐意花一些时间来提供给您更好的解决方案。我下次来的时候，一定会带来一些新的想法的。”兰总听了之后，脸上露出了笑容。

这次会面，刚开始时虽然不甚理想，但结尾却令人满意，因为赵凡最终达成了与兰总合作的目标。

赵凡取得成功的原因很简单，就是善于倾听，适当沉默，等对整个事情有了全面地了解后，也就能清楚地明白客户的需求，从而能做到有的放矢，赢得最后的成功。

所以说，在销售中，说话是银，倾听是金。懂得说话，会让你打动人心；善于倾听，会让你财源滚滚！

听得越多，获得客户信息越多

一些刚开始做销售员的人都有一个通病，那就是滔滔不绝地向客户介绍自己的产品，却不知道客户到底需要的是什么。如果想使你的成交率大幅度提升，最可行的办法是，首先通过倾听获知客户的信息，再结合自己的产品进行推销工作。

日本冈仓电脑软件公司的销售员石田最近有些苦恼。原来，尽管他在向客户推销自己公司的产品时口若悬河，谈论起产品的功能时也头头是道，但客户们就是一声不吭、一件不买，用沉默来拒绝他。

这一天，石田又被拒绝了，一张订单都没拿到。他垂头丧气地走进了一家餐厅，闷闷不乐地自斟自饮。这时，邻桌发生的一件事吸引了他的目光。邻桌的一位太太带着两个孩子吃午餐，那胖胖的男孩什么都吃，长得结结实实的；但那瘦瘦的女孩紧锁着眉头，举着筷子将盘子里的菜翻来拨去——看来是个挑食的孩子。

那位妇人有些担心，轻声开导小女孩："别挑食，要多吃些菠菜，不注意营养怎么行呢？"她连说了三遍，但是小女孩还是说什么也不吃，这位太太一点办法也没有。

正在这时，有位年轻的服务员走近那个女孩，凑着她的耳朵悄悄地说了几句话，那个女孩马上就大口大口地吃起了菠菜来，一边吃还一边用目光盯着哥哥看。妇人感觉很奇怪，便把服务生拉到一边来问道："你究竟用了什么方法，居然能让她如此听话？"

年轻的服务员回答道："牛不想喝水的时候，你让它吃一些盐。它口渴了，自己就会主动地去喝水了。我刚才跟这位小妹妹说的话是：'你哥哥不是老欺负你吗？只要你吃了菠菜，你就会变得比他还要有力气喔！到那时，他再想欺负你就不可能了。'"

坐在一旁的石田听到了这话后，心里暗暗称绝："太棒啦，我终于明白自己错在哪里了！"

第二天，石田来到一家纺织公司采购部经理的办公室里。他不再像以前那样滔滔不绝地自我吹嘘，而是微笑着问道："先生，贵公司目前最关心的是什么？贵公司有什么烦恼的事情吗？"

那位采购部经理叹了口气说："目前我们最为头痛的问题是，怎样才能减少库存和提升生产效率。"

"这样啊，您的库存越多，您所花费的人力、物力就越多，一天多一点，一月多一点，一年、两年之后可就是大数目了。"石田说，"我可以马上回公司，专门让公司的研发人员为贵公司专门设计一套软件，帮助您减少存货，提高生产效率。”

一周之后，石田再次来到那位采购部经理的办公室，同时带来了一套软件。他热情地对那位经理说：“先生，这就是我公司几位核心软件设计师专门为您设计的一套软件。我想，只要用了这套软件，您的苦恼就会消失了。”

经理看了之后，喜上眉梢：“这太好了！先将资料留下，我要向我的上司汇报一下。我们很可能会购买这套电脑软件。”

果然，这家纺织公司很快就买下了石田的软件。之后，这家公司还买了不少石田公司的产品，还给石田推荐了不少客户。

石田的前后转变提示我们，当你不知道客户需要什么时，无论你再怎么滔滔不绝，无论你对自己的产品再怎么了若指掌，你都很难拿到一份订单。只有当你充分获知客户最需要的是什么后，你才能对症下药，轻松达成交易。

如何获知客户最需要的是什么呢？答案很简单：适当地提问，然后倾听，让客户主动告诉你。听得越多，获得客户信息越多。只要你能让客户畅所欲言，你获得交易成功的概率就将大大增加。

倾听是对客户尊重的最好表现

许多行外人，甚至许多销售员本身，都认为销售主要是靠一张能说会道的嘴，可在现实销售中，那些讲话滔滔不绝、口才一流的销售员却不见得能够成为销售精英，而只有那些能说会道又善于倾听的销售员才能取得卓越的业绩。

你专注地倾听客户说话，客户在心理上就能得到极大满足，感受到你对他的尊重。所以，销售员要试着成为一位倾听者，静下心来，像个友好、积极、热情的朋友一样，听取世界上最美妙的声音——倾听客户的所有意见和建议。只有这样，销售人员才能从客户的言谈中了解并领悟客户所传达的信息。当销售员真正地了解客户的真实想法的时候，他们与客户之间的沟通才算真正开始。

在销售过程中，有许多销售员不喜欢倾听，那么他们就无法与客户进行顺畅的沟通，进而影响了销售的效果。通过认真地倾听，销售员与客户的思想就可以互相渗透和相互融合，客户会把内心的问题、想法、意见和要求毫无保留地向你倾诉。

伟大的销售大师乔·吉拉德说："有两种力量非常伟大。一是倾听，二是微笑。你倾听得越久，对方就会越接近你。据我观察，有些销售员喋喋不休，却不知道倾听。上帝为何给我们两个耳朵一张嘴？我想，意思就是让我们多听少说！"

乔·吉拉德对倾听的力量有切身的体会，他正是从他的客户那里深刻感受到了这种力量。

一次，乔·吉拉德花了一个多小时才让一位客户下决心买车，而后他所需要做的只不过是带客户走进办公室，签下一纸合约。

当他们向乔·吉拉德的办公室走去时，客户开始向乔提起他的儿子，因为他儿子就要考进一所有名的大学了。他十分自豪地说："乔，我儿子要当医生。"

"那太棒了。"乔·吉拉德说。当他们继续往前走时，乔·吉拉德却心不在焉。

"乔，我的孩子很聪明吧？"客户继续说，"在他还是婴儿时我就发现他相当聪明。"

"成绩很好吧？"乔·吉拉德说，心思仍没有放在倾听上。

"在他们班是最棒的。"那人又说。

"那他高中毕业后打算做什么？"乔·吉拉德问道。

"我告诉过你的，乔，他要到大学学医。"

“那太好了。”吉拉德说。

突然地，客户意识到乔·吉拉德根本没有用心倾听他所讲的话。“嗯，乔，”他突然说了一句，“我该走了！”就这样，这单交易自然也没有达成。

下班后，乔·吉拉德开始思考白天那位客户离去的原因。

第二天上午，乔·吉拉德给那人的办公室打个电话说：“我是乔·吉拉德，我希望您能来一趟，我想我有一辆好车可以卖给您。”

“哦，世界上最伟大的销售员先生，”他说，“我想让你知道的是我已经从别人那里买了车。”

“是吗？”乔·吉拉德说。

“是的，我从那个欣赏、赞赏我的人那里买的。当我提起我为我的儿子吉米有多骄傲时，他是那么认真地在听。”

随后他沉默了一会儿，又说：“乔，你并没有听我说话，对你来说我儿子吉米成不成为医生并不重要。好，现在让我告诉你，你这个笨蛋。当别人跟你讲他的好恶时，你得听着，而且必须全神贯注地听。”

顿时，乔·吉拉德意识到自己犯了个多么大的错误。

对于客户的需求、客户的期望，我们都得由“听”获得，最重要的是，倾听是对客户尊重的最好表现。客户如果无法从销售员身上感受到尊重，又怎么可能最终签单呢？所以，请不要总是喋喋不休或高谈阔论，而要拿出更多的精力来倾听客户的话。

客户想说的比你想说的更重要

有些销售员一旦不赞同客户的话，就想立刻插话，这是非常不明智的销售行为。聪明的销售员懂得让客户说话，因为客户想说的比你想说的更重要。

国内某大汽车公司经理打算订购一批汽车座套，数量需供一年之用。有几个大座套制造厂家把货样送去备选。那位经理看完各家的货样之后，就让其中三家制造厂某日各派一位代表前去商谈，到时再决定用谁的货。

罗锦是其中一个厂的销售代表。去见客户那天，他忽然患了严重的喉头炎。罗锦后来自己说道："等到我去见那位经理的时候我因喉痛严重，一点声音也发不出来。当时我被带进一间屋里，看见在座的有纺织工程师、采买主任、售货主任及公司经理。我使尽力气说话，但只能发出一点沙哑的声音。"

"我们是围桌坐的，于是我取纸片写道：经理先生，我因喉痛发不出声，说不出话来。

"那位经理说道：'让我来替你说。'然后，他展示我的货样并赞美样品的优点。他们立刻开始讨论我的货样。那位经理因为是替我讲话，所以讨论的时候也是一直帮着我。我只能随时笑着，点头及做一些姿势。

"那次奇特商谈的结果是我获得了订货合同。订购的座套价值达130万元——这是我从来未曾得过的最大的一份订单。

"我知道若不是因为我患病不能说话，我很可能得不到订单。完全是由于偶然，使我发现有时候完全让客户说话才是上上之策。”

《纽约前锋论坛报》经济版曾登出了一段醒目的广告——某商业组织要征聘一位具有特殊才能与经验的人。约瑟便投函到指定的信箱应聘。没几天，他接到信要他去面谈。未去之前，他认真搜集了关于那家商业组织创办人的事迹。见面的时候，约瑟道：“我感觉十二万分荣幸，能进入像你们这样有成绩的商业组织。我听说在28年前您最初开办时，仅只有一间屋子，一张桌子，一位速记员，那是真的吗？”

凡事业成功的人，几乎都喜欢回忆当年自己创业的一些情况，这位先生当然也不例外。他谈了很多当初他如何在只有450美元的现款及一种决心就开始创业，如何与揶揄讥笑他的人们斗争，如何辛勤地工作，例如他周末假日一概不休息，每天工作12小时至16小时，以及最后怎样战胜了一切困难，直到现在华尔街的最大金融家也要向他来请教。他对于这样的成就感觉很得意。最后，他简单地问了约瑟的经历，并对一位经理说道：“我认为这位约瑟先生就是我们所需要的人才。”

约瑟虽然是应聘，但其实也是一种销售，销售的就是自己。他是靠什么获得成功的呢？就是倾听“客户”说话。

大多数人都以为销售就是靠嘴说，其实不然，每个人都有表达自己想法的欲望，但是每个人都厌烦听一个人滔滔不绝地讲。所以，销售中应该谨记，客户想说的永远比你想说的更重要。

灵活引导，让客户自己说服自己

假如客户对你推销的产品怎么都不愿意购买，那你该如何是好呢？最好的方法就是多让客户说话，你只要挑起话头，列出事实加以灵活引导就行，让客户自己说服自己。

有一次，弗拉达尔电气公司的霍华德·纳什，去宾夕法尼亚州的一个富饶的荷兰移民地区考察。

“为什么这些人不使用咱们的产品呢？”经过一座农庄时，他问该区的销售代表。

“他们一毛不拔，你无法卖给他们任何东西，”那位代表面带厌恶地回答，“此外，他们对咱们公司很有怨气。我试过了，一点希望也没有。”

也许真是一点希望也没有，但纳什决定无论如何也要尝试一下，因此他敲了敲一家农舍的门。门打开了一条小缝，拉瑟太太探出头来。

“一看到那位公司的销售代表，”纳什先生开始叙述事情的经过，“她立即就当着我们的面，把门砰的一声关起来。我又敲门，她又打开来；而这次，她把对公司和我们的不满一股脑儿地说出来。

“‘拉瑟太太，’我说，‘很抱歉打扰了您，但我们来不是向您推销电器的，我只是要买一些鸡蛋罢了。’

“她把门又开大一点，怀疑地瞧着我们。

“我注意到您那些可爱的多明尼克鸡，我想买一打鲜蛋。

“门又开大了一点。‘你怎么知道我的鸡是多明尼克种？’她好奇地问。

“‘我自己也养鸡，而我必须承认，我从没见过这么棒的多明尼克鸡。’

“‘那你为什么不吃自己的鸡蛋呢？’她仍然有点怀疑。

“‘因为我的鸡下的是白壳蛋。当然，你知道，做蛋糕的时候，白壳蛋是比不上红壳蛋的，而我妻子以她的蛋糕为自豪。’

“到这时候，拉瑟太太放心地走出来，温和多了。同时，我的眼睛四处打量，发现这家农舍有一间修得很好看的牛奶棚。

“‘事实上，拉瑟太太，我敢打赌，你养鸡所赚的钱，比你丈夫养乳牛所赚的钱要多。’

“这下，她可高兴了！她兴奋地告诉我，她真的是比她的丈夫赚钱多。但她无法使那位顽固的丈夫承认这一点。

“她邀请我们参观她的鸡舍。参观时，我注意到她装了一些各式各样的小机械，于是我“诚于嘉许，惠于称赞”，介绍了一些饲料和掌握某种温度的方法，并向她请教了几件事。片刻间，我们就高兴地在交流一些经验了。

“不一会儿，她告诉我，附近一些邻居在鸡舍里装设了电器，据说效果极好。她征求我的意见，想知道是否真的值得那么干……

“两个星期之后，拉瑟太太的那些多明尼克鸡就在电灯的照耀下，满足地叫唤了。我推销了电气设备，她得到了更多的鸡蛋，皆大欢喜。

“但是，事情的要点在于：如果我不是让她自己说服自己的话，就根本没法把设备卖给她。

“像这样的客户，你根本不能对他们推销，而必须使他们切实感觉到需要，主动来买。”

通过上面这个案例，我们可以得到这样的启示：多让客户说话，并不是让我们不说话，而是说要让客户清楚地知道他们需要我们的产品，这就需要我们在倾听的同时，尽量把话题往我们的目的上引，而不是天马行空，越说越跑题，这样往往到最后一无所获。

客户投诉是在帮你，前提是认真倾听

面对客户的投诉，很多销售员有不耐烦甚至逃避的心理，这些心理都是不可取的。事实上，学会乐观、积极地倾听客户的投诉也是销售员在成交以后必做的功课。

即使在如今这个高度发达的商业社会，也没有完美无缺的产品，再好的产品也有出差错的可能。因此，销售员遭到投诉便是无法避免的事情。这个时候，与其逃避，不如迎难而上，通过认真地倾听，把客户的投诉当成再次销售的机会。在与客户的磨合中，努力赢得客户的信任，使双方的关系得到完善和升华。

乔·吉拉德说过："我认为真正意义上的销售始于成交之后，而不是之前。"他为什么会这样说呢？

原来，因为人脉甚广，乔·吉拉德参加葬礼的次数也比一般人频繁。时间一长，善于观察的他发现，几乎每次葬礼，参加的人数都在250人左右。也就是说，人的一生，关系比较亲近的亲戚、朋友、熟人，差不多都在250人左右。对于销售员来说，如果你一次出错，得罪了一个客户，就等于赶走了250个潜在客户；你一年得罪20个客户，就等于赶走了5000个潜在客户。反过来，一年中，你如果以优质的服务让20个客户满意，也等于赢得了5000个潜在客户，这就是著名的“250定律”。

“250定律”告诉我们很多道理，其中很重要的一条，就是销售员不要因为草草打发了一个投诉的客户而沾沾自喜，因为你打发了他，就等于得罪了250个潜在客户；你一次的敷衍，就失去了250个成交的可能。对于一个销售人员来说，说这是“灭顶之灾”也不为过。

因此，销售员一定要树立良好的服务意识，在面对客户的投诉时，哪怕你觉得受到了不公平待遇，也不要感情用事。首先要认真倾听客户的投诉内容，为解决问题打好基础。在这个过程中，要给客户诉说、发泄的机会，同时站在客户的角度上考虑问题，争取与他产生共鸣。

当然，在了解情况、安抚客户以后，真诚地道歉只是一个方面，尽快解决问题才是根本。客户带着不满来，这是回避不了的事，但是你有责任让他满意而归。只要把客户的投诉当成是一次潜在的销售机会，相信你一定能坦然对待，并且最终化被动为主动，赢得新的信任和更好的业绩。

面对不愿说话的客户，摸清心理是关键

碰上不愿意说话的客户，的确是一件很不幸的事。这种客户大多并非不善交谈，只不过是因为不想与你交谈。他神情漠然地望着你，一句话也不说，好像自己的口很尊贵似的。你既无法从他的表情上得到一点启示，更别想从他嘴里套点什么东西出来。他不开口，任凭你有什么高招妙法都用不上，让你顿感“英雄无用武之地”。

显然，与这种客户沟通，把握不好他们的心理，必定会遭遇尴尬的局面。那么，客户不愿交谈一般都是出于什么样的心理呢？

1.担心祸从口出

这类客户之所以“金口难开”，是因为怕自己的言谈被销售员视为购买的动机，而在生意洽谈中，这类客户就是怕说话会招来自己的损失。具体而言，有两个原因：其一，惧怕对方的“嗅觉”。他们知道销售员这一类人的感觉十分敏锐，善于察言观色，洞察客户的想法，然后再引着客户跟他上“船”，所以担心自己的想法会被销售员看穿。怎么办呢？最有效、最直接的方法就是闭口不言，这样销售员就没办法知道他心里想什么，而他也不可能被销售员牵着鼻子走。其二，对自己的“抵抗力”缺乏信心，认为自己根本不是销售员的对手，怕被对方引诱利用，怕自己没有反驳对方的本事，只有被说服的份儿，因此觉得还是不说话比较保险。

2.可能是心情不好

客户碰到了不愉快或伤心的事，如刚与同事发生争执，被上司训了一顿，亲人亡故或者婚姻、家庭出现危机等。在这种情况下，他们的情感海洋是大风大浪，他们无法控制自己，一旦有了可以发泄的通道（例如说话），就会大堤决口，洪水四溢，放任自己的本性，将不满、不快、悲愤等感情通通发泄到别人身上。外在的表现方式是刻薄恶毒、极富挑衅性和攻击性，其结果就是给对方留下不好的印象，让对方产生厌恶感。他们明白这一点，所以尽量闭口不说。这种客户往往是很有责任感的，对自己和工作都比较负责的那种人，所以你不要误会他们，他们的本性绝不是令人讨厌的。

3.急于把你撵走

所谓“来得太不凑巧了”是指这样一些场合：客户正公务缠身忙得不可开交时，他当然不愿意再有人来搅和他已成一团糨糊的脑袋；他正在与别人通电话了解或传达一些商业机密时，显然是不愿意出现一位不速之客，使他的“秘密”被别人听去的；他正在与爱人亲昵时，你一个“第三者”进来了，他当然很不乐意。在此类比较“微妙”的场合，你都是“不受欢迎的人”，所以对方三缄其口，迫使你离开。当然还有一种情况，就是你给客户的印象太差，他觉得你轻浮、浅薄、骄傲自大时，也会闭口不理你，想以这种方式把你撵走。

由于不愿说话的客户心理各不相同，所以你必须要仔细观察对方，通过他的表情态度以及拒绝你的理由来分析判断，选择适当的方式出击。如果一开始对方不理睬你，不与你搭话，你要采用试探的方式，变换谈话话题或谈话方式，尽可能吸引对方。

对于这类不愿说话的客户，你要少谈生意场上的事或你的成功的销售经历，不要给他们一种你能言善辩的感觉，这样他们才会觉得你这人比较好应付。他们能够在与你的交易中把握主动，对自己有了信心，也就愿意开口说话了。或者，你可以找个开口的话题或找一个能使他产生“同病相怜”感觉的话题。总之，你要有针对性。

摸清了对方的心理后，即使遭到拒绝，你也好决定下一步该怎么行动。例如，面对以不说话来拒绝你的客户，你不必马上走开，可以改换话题另起炉灶；面对当时心情不好而不愿开口说话的客户，你也可以尝试换换话题看能不能成功，然后再走也不迟；至于“急于把推销员撵走”的客户，因为你本来就来得不凑巧，最好还是“一走了之”，等以后有机会再做交易。

花点心思，鼓励客户敞开心扉说

前面分析了倾听客户说话的重要性，但在销售过程中，并不是每个客户都能敞开心扉与销售员交谈，所以要想让客户开口说，销售员就得花点心思。

先来看一个案例：

某胸针专柜前，一位销售人员正在向客户销售胸针。这时，她发现客户胸前佩戴的是一枚精美的钻石胸针。

"女士，你现在佩戴的这枚胸针也非常好看啊，很经典的一款，应该是进口的吧？不过，看款式，应该是比较老的产品了。"

"是的，我祖母送给我的，戴了20多年了，很有感情。那时，我祖母在国外生活过，她买的胸针很有品位，也很珍贵。"

"那么你今天想买一枚什么样的胸针呢？"

"过几天是我表姐的生日，她非常喜欢我的这款胸针，但我的不能送给她，所以我想选枚胸针送给她当生日礼物。"

这位销售员通过认真观察发现了鼓励客户开口说话的话题，接下来的销售工作自然容易了许多。

在销售过程中，客户讲得越多，销售成功的可能性就越高。那么，具体来讲，销售员应该如何鼓励客户讲话呢？

1.巧妙地提问

出于种种原因，有些客户往往不愿意向销售员主动透露自己的信息，这时销售员可以通过开放式提问的方式使客户更畅快地表达内心的需求，比如用“为什么……”“什么……”“怎么样……”“如何……”等疑问句来发问。在鼓励客户说出自己想法后，销售员就要针对客户说出的问题寻求解决问题的途径。在这个过程中，销售人员还可以利用耐心询问、继续倾听的方式与客户一起商量，以找到解决问题的最佳方式。

2.重要信息核实

客户在谈话过程中透露出的信息，有些是无关紧要的，有些则对整个沟通过程起着至关重要的作用。对于这些重要信息，销售人员应该在倾听的过程中进行分辨。这样一方面可以避免遗漏或误解客户意见，及时有效地找到解决问题的办法；另一方面，客户也会因为找到了热心的听众而增加谈话的兴趣。

3.及时回应也是一种鼓励

客户在倾诉过程中需要得到销售员的及时回应，假如销售员不做任何回应，客户就会觉得这种谈话非常无趣。必要的回应可以使客户感到被支持和认可，当客户讲到要点或停顿的间隙，销售人员可以点头，适当给予回应，以激发客户继续说下去的兴趣。

4.其他方式的配合

在鼓励客户开口说话的过程中，除了上述方式，其他方式的配合也可以使客户受到鼓励，比如体贴的微笑、热情的眼神或其他适当的表情等。

学会沉默，销售并不全是滔滔不绝

在销售中，恰到好处的沉默也是一种艺术，即所谓“此时无声胜有声”。

有时候，销售员可以把沉默当作语言。沉默不仅可以起到语言的作用，甚至可以成为销售时的一件利器。我们有时会看到这样的现象：一个人在和别人谈话感到乏味时，会拿起桌上的报纸或其他什么，随便翻阅起来，这是暗示对方：报纸虽很乏味，也比你的话有意思。每当这时，知趣者大多会停止谈话。

在销售实战中，面对客户愤怒、提出不合理的要求或者自己对他所说的东西完全无法接受时，最好的办法就是先保持沉默。

丽丽在某大商场买了件价格不菲的衣服，可回家后却发现这件衣服的领子很脏。她立马返回商场，找到与她交易的销售员，讲述了事情的经过。不料，销售员总是打断她的话。

“我们卖了几千套这样的衣服，”销售员声明说，“你是第一位找上门来抱怨衣服质量不好的人。”她的语气似乎在说：“你在撒谎，想诬赖我们！让我给你个厉害瞧瞧！”

吵得正凶的时候，第二个销售员走了过来，说：“那是没有办法的，那种价钱的衣服，出现这种问题很正常。”

丽丽说她当时气得差点一蹦三尺高。她说：“第一个售货员怀疑我的诚实，第二个暗示我本来买的就是便宜货。我气死了！我正准备对她们说，你们把这件衣服收下，随便扔到什么地方，见鬼去吧！正在这时，商店的老板出来了，他很内行。他的做法改变了我的情绪，使一个被激怒的客户变成了满意的客户。”那么，他是怎样做的呢？

首先，他一句话也没讲，沉默着听丽丽把话讲完。其次，当丽丽把话讲完，那两个售货员又开始陈述她们的观点时，他开始反驳她们，帮丽丽说话。他不仅指出丽丽所买衣服的领子确实是脏的，而且还强调说商店不应当出售使客户不满意的商品。后来，他承认他不知道这套衣服为什么出毛病，并且直接对丽丽说：“您想怎么处理，我一定遵照您说的办。”

几分钟前丽丽还准备把这件可恶的衣服扔给他们。可现在她回答说：“我想听听您的意见。”老板建议丽丽再穿一星期，如果确实对衣服不满意，可以把它拿来，他们一定帮忙解决。

丽丽满意地离开了商店。7天后，丽丽并没有去退换衣服，因为她对那件衣服很满意。她后来常常光临那家商店，毫无疑问是因为他相信并认可那位老板。不用怀疑，这位老板才是一个好的销售员，而他的两个销售员则是非常失败的。

总之，沉默所能表达的意义丰富多彩。它既可以是无言的赞许，也可以是无声的抗议；既可以是欣然默认，也可以是保留己见；既可以是威严的震慑，也可以是心虚的流露；既可以是毫无主见、附和众议的表示，也可以是决心已定、不达目的决不罢休的标志。在销售实战中，销售员应根据销售进展，适时使用沉默的技巧。

掌握倾听的基本技巧，这是基础的

倾听得越多，你就会变得越聪明，掌握的信息也就越多，就会被更多的人喜爱和接受，就会成为更优秀的销售员。

罗伦是一位出色的销售员，他在与客户沟通的时候无时无刻不在倾听客户的反应，即使是在自己说话时，也不忘倾听客户的反馈，他从客户的静默、咳声、清嗓子等行为中，了解自己销售话术的效果。每次销售工作结束之后，他都通过听到的客户反应来总结经验。倾听使他准确地掌握住客户，也赢得越来越多客户的喜欢。

倾听不仅可以观察客户，使客户产生愉悦的感觉，而且还可以隐藏你的弱点。我们都不是完人，在某些领域是无知的，然而我们的静默倾听或许可以传递给他人一种高深莫测的印象。我们既能从中获取知识，又能保持住一份良好的形象，何乐而不为呢？

倾听是一门精深的学问，要想彻底掌握并非易事，但作为一名合格的销售员，至少应该掌握一些倾听的基本技巧，这是倾听最基础的功夫。

1.姿态上与客户保持一致

实验表明，人们对与自己有相同行为习惯的人容易产生好感。当我们倾听客户讲话的时候，尽管没有必要刻意模仿客户的每一个动作，来博取他的好感，但我们还是应该注意与客户的姿态保持一致。如当对方在同你讲一些很严肃的话题时，你就不要歪着头；即使他歪着头，你也不可以。但如果对方话题轻松，你也就没有必要非得站得笔直，只要表明你在认真地听他讲话就可以了。肩膀要尽量与说话者保持在同一水平线上。

2.保持目光的接触

俗话说："眼睛是心灵的窗口"。眼神可以传达各种复杂的信息，如高兴、痛苦、愤怒等。当我们倾听客户讲话时，不时地保持着目光的交流，用眼神去表达你对他讲话的肯定、赞同或疑问，这都会使客户觉得你是在认真听他讲话，并且你在思考。这对于客户十分重要，可以赢得他的赞许，获得他的信任。如果你还不习惯直视客户，那不妨看着客户的双眉之间，这也是一个很好的办法。

3.使用肢体语言

一个微笑、一个点头、一个手势都可以很自然地把自己与客户融合在一起。倾听时，充分调动你所有的感官，表现出活泼敏捷的表情。身体略前倾，使客户觉得你在努力想明白他所讲的主题的含意；不时对他的讲话表示赞同："是""对""我同意"。

4.不要轻易打断对方的话题

这一点我们要再次强调，在倾听时，无论你多么想开口讲话，想发表你的见解，都要忍住，千万不要轻易打断对方的话题，除非是必要的。

总之，销售不仅是说的艺术，也是听的艺术，只要你学会了倾听的基本技巧，你就拥有了成为优秀销售员的基本条件。

克服倾听的主要障碍，这是必要的

销售员应该清楚，倾听是存在障碍的。为了能够听得完全、听得清晰，必须克服一些倾听障碍。

倾听障碍主要如下：

（1）只注意与自己有关的讲话内容，不关注其他内容。

（2）精力分散，或思路较对方慢，或观点不一致造成少听、漏听。销售员的精力和注意力的变化是有一定规律的。一般来说，刚开始倾听客户说话时精力比较充沛，但持续的时间较长的话就容易分散。

（3）凭借感情、兴趣的变化来理解对方讲话的内容，从而曲解了对方的原意。一系列试验表明，听对方讲话，一般只有1/3的讲话内容是被按原意听取的，1/3的讲话内容是被曲解听取的，还有1/3则丝毫没有被听进去。

（4）受收听者的文化知识、语言水平等的限制，特别是受专业知识与外语水平的限制，而听不懂对方的讲话内容。

（5）环境的干扰常会使人们的注意力分散，形成听力障碍。

销售员必须想尽办法克服倾听障碍，掌握倾听的要诀，提高倾听效率。下面就是销售精英们所总结的克服倾听障碍的要诀：

（1）避免思想开小差，专心致志、集中精力地倾听。精力集中是倾听艺术的最基本、最重要的问题。心理学家研究证明，一般人倾听及思维的速度大约要比说话的速度快4倍。因此，往往是说话者话还没有说完，听话者就大部分都能够理解了。但正是因为这一点，在倾听时更要避免开小差，不要以为自己大概听懂了客户的话，就不再用心听。要知道，倾听中的任何一个疏漏，都有可能给销售员造成巨大的损失。

（2）通过记笔记来集中精力。在倾听客户说话时，销售员的思维往往在高速运转，大脑接受和处理大量的信息，只靠记忆的话有时是无法进行有效倾听的。记笔记，一方面，可以帮助自己记忆和回忆，而且也有助于在客户说完之后，就某些问题向对方提出质询，同时还可以帮助自己做充分的分析，理解对方讲话的确切含义与精神实质；另一方面，通过记笔记会给客户留下重视其讲话内容的印象，当停笔抬头望望讲话者时，又会对其产生一种鼓励的作用。关于这一点，我们在以后还会有详细的阐述。

（3）在专心倾听的基础上有鉴别地倾听对方发言，去粗取精、去伪存真，抓住重点，可以收到良好的听的效果。

（4）克服先入为主的毛病。

（5）注意不要因轻视对方、抢话、急于反驳而放弃听。

（6）不可为了急于判断问题而耽误听。

（7）听到自己难以应付的问题时，不要充耳不闻。倾听过程中，销售员可能会遇到一些一时答不上来的问题，这时切记不可持一种充耳不闻的态度。要有信心、有勇气去迎接对方提出的每一个问题，用心领会客户每个问题的真实用意，找到摆脱难题的真实答案。培养自己急中生智、举一反三的能力，应多加训练，勤加思考，以便自己在遇到问题时不乱不慌。

第九章

言为心声：通过言谈听透客户心理

言为心声，通过客户说话的口头语、语速、语气以及话题的选择等，可以听出客户内心的真实意图，这会帮助销售员了解客户的内心，利于销售获得成功。

言为心声，通过倾听了解客户心理

言谈是一个人品性、才智的外露，销售员能够通过客户的言谈了解客户的心理。

明洪武初年，浙江嘉定安亭有一个名为万二的人，他是元朝的遗民，在安亭堪称首富。一次，有人自京城办事归来，万二问他在京城的见闻。这人说：“皇帝最近作了一首诗。诗是这样的：‘百僚未起朕先起，百僚已睡朕未睡。不如江南富足翁，日高丈五犹披被。’”万二一听叹口气道：“唉，迹象已经有了！”他马上将家产托付给仆人掌管，自己买了一艘船，载着妻子泛游而去。两年不到，江南大族富户都分别被收缴了财产，门庭破落，唯有万二逃之于外，幸免于难。

大量事实证明，倾听并分析判断言谈，是洞察一个人心理奥秘的有效方法。在销售上，这个道理也适用于客户，通过倾听客户的言谈，销售员也可以准确观察客户的心理。

那么，如何通过倾听言谈了解客户心理呢?

一般情况下，抑扬顿挫掌握得非常准确、到位的客户，他的自我表现欲望都很强烈。

说话时不断提高声调的客户，他们的自信心多比较强烈，比较固执、任性，常常自以为是，不喜欢被他人所管制，倾向于我行我素。

在任何时候说话都轻声细语且语速较慢的客户，多属于内向型性格，比较温柔，自信心较缺乏。

说话的速度很快，而且态度从容肯定，看不出一丝一毫的急躁情绪，听起来也感觉不出紊乱，这表明客户有很强的自信心，办事干脆果断，有独属于自己的思想，并且能够坚持自己的主张而不轻易改变。

在谈话中喜欢争论的客户，多是开放型的，这种客户有摒弃旧观念、旧思想的勇气和胆量，对新事物、新信息的接收能力比较强，有竞争和攻击性心理，好胜心强，有时候会显得自大自负。

在谈话中不喜欢争论的客户，相对来说则较封闭和保守，接受新鲜事物的速度比较慢，竞争和攻击性弱，性情温和，喜爱平淡，不太热衷于争名夺利。

在谈话中喜欢纠正别人错误的客户，多较主动、自信，但由于他们的性格比较直率，会忽略他人的感受。他们往往会打断别人的谈话而变成自我发挥，往往会伤害到别人，所以人际关系一般并不是特别好。

那些在销售员谈话时不纠正错误，而等到谈话结束以后指出来的客户显得谦让、有礼貌，能够站在他人的立场上为对方着想，并给予对方足够的尊重，从而也会获得他人的认同和好感。

总之，要想准确地了解一个客户的心理，最简单的方法莫过于让其多说话，你所需要做的只是竖起双耳、闭上嘴，用心倾听。

准！通过口头语就能听懂客户心

在生活当中，绝大多数人都有使用口头语的习惯。这种口头语是一个人在日常生活当中逐渐形成的习惯，具有鲜明的个人特色，客户自然也不例外。通过客户的口头语，销售员可以对客户进行深入地观察和了解。

一般来说，经常连续使用“果然”的客户，往往比较自负，强调个人主张，以自我为中心的倾向比较强烈。

经常使用“其实”的客户，大多自我表现欲望强烈，希望能引起别人的注意。他们大多比较任性和倔强，并且多少还有点自负。

经常使用流行词汇的客户，多喜欢随大流，性格较浮夸，缺少个人主见和独立性。

经常使用外语的客户，多虚荣心强，爱卖弄和夸耀自己。

经常使用地方方言，并且还底气十足、理直气壮的客户，自信心一般都很强，有个性。

经常使用“这个……”“那个……”“啊……”的客户，说话办事都比较小心谨慎。

经常使用“最后怎么怎么样”之类词汇的客户，大多是潜在欲望没有得到满足。

经常使用“真的”之类强调词汇的客户，多缺乏自信，唯恐自己所言之事的可信度不高。可恰恰是这样，结果往往会起到欲盖弥彰的作用。

经常使用“你应该……”“你不能……”“你必须……”等命令式词语的客户，多专制、固执、骄横，但对自己却充满了自信，有强烈的领导欲望。

经常使用“我个人的想法是……”“是不是……”“能不能……”之类词语的客户，一般较和蔼亲切，待人接物时，也能做到客观理智；不独断专行，能够给予他人足够的尊重，反过来也会得到他人的尊重和爱戴。

经常使用“我要……”“我想……”“我不知道……”的客户，多思想比较单纯，爱意气用事，情绪不是特别稳定，有点让人捉摸不定。

经常使用“绝对”这个词语的客户，武断的性格显而易见，他们不是太缺乏自知之明，就是自知之明太强烈了。

经常使用“我早就知道了”的客户，有表现自己的强烈欲望，只能自己是主角，自己发挥，但对他人缺少耐心，很难做一个合格的听众。

另外，口头语出现频率极高的客户，大多办事不干练，缺乏坚强的意志。有些客户，说话时没有口头语，并不代表他们从未有过，可能以前有，但后来逐渐地改掉了，这显示出一个人意志力的坚强和追求说话简洁、流畅的精神。

销售员若想通过口头语更好地观察、了解和判断一个客户的心理，需要在与人交往时仔细、认真地揣摩、分析，这样才会收到良好的效果。

幽默反应心理，听懂客户的幽默

幽默是聪明和智慧的体现，一个具有强烈幽默感的人，往往更容易取得成就，获得成功。其实，每一个人都是具有幽默感的，只是有不同的表现方式，并且受到时间、空间等各种条件的限制。当一个人将他的幽默感表现出来时，他的性格也就显示出来了。以下有几种幽默的不同表现形式，你可以对照一下，有助于你更好地观察和了解客户的心理。

用一个幽默来打破某一个僵局，这样的客户多随机应变能力比较强、反应快。因自己出色的表现，他们可能会成为受人关注的对象，这也迎合了他们的心理。他们多有比较强烈的表现欲望，希望能够得到他人的注意与认可。

常常用幽默的方式来挖苦别人的客户，多心胸比较狭窄，有强烈的嫉妒心理，有时甚至做一些落井下石的事情。他们有较强的自卑心理，生活态度较消极，常常进行自我否定。他们最擅长挑剔和嘲讽他人，整天地盘算他人，自己却从未真正地自省过。

善于自嘲的客户，首先应该具有一定的勇气，因为进行自我嘲讽，这不是一般人能够做到的。这类客户的心胸多比较宽阔，能够接受他人的意见和建议，而且能够经常地反省自己，进行自我批评，寻找自身的错误，进行改正。他们的这种气质，让他人看在眼里，很容易产生一股敬佩之情，从而为他们带来比较好的人际关系。

喜欢用幽默的方式嘲笑、讽刺他人的客户，给人的第一印象往往是很聪明，对任何事物都有细致入微的观察，能够关心和体谅他人，但实际上这种人是相当自私的，他们在乎的可能只是自己。他们在为人处世各个方面总是非常小心和谨慎，凡事总是赶着要比别人快一步。他们睚眦必报，有谁伤害过自己，一定会想方设法让对方付出代价；有较强的嫉妒心理，当他人取得了成就的时候，会进行故意贬低。

爱制造一些恶作剧的客户，多是活泼开朗、热情大方的人，活得很轻松，即使有压力，自己也会想办法缓解这种压力。他们在言谈举止等各方面表现得都相当自然和随便，不喜欢受到拘束。他们比较外向，喜欢和人开玩笑，他们在这个过程中进行自我愉悦，同时也希望能够将这份快乐带给他人。

有些客户为了向他人表现自己的幽默感，常常会事先准备一些幽默的点子，然后在许多不同的场合不厌其烦地实施。这一类型的人多比较热衷于追求一些形式化的东西，而且很在乎他人对自己持什么样的态度，生活态度比较严肃、拘谨，能够控制自己的感情。

和事先预备幽默点子的客户相对的是有另外一种客户，他们有许多幽默都是自然而然流露出来的，这一类型的人多思维活跃，有很强的想象力和创造力。他们虽然头脑灵活、思维敏捷，但并不擅长在规规矩矩的环境下一展所长，而是偏爱自由，他们的生活始终处在发掘新鲜事物的过程中。

注意！语速、语气皆会透露客户心

说话的速度快慢与一个人的性格有很大关系，一个慢性子人绝不会说出如连珠炮般的话语来。而同样一句话，有可能因为语气不同，而使得意思完全走样。所以，聪明的销售员要懂得从客户谈话的速度和语气去了解对方的心理。

说话速度快的客户，大多性子急躁；而那些说话慢条斯理的客户，不管遇到什么事情，总是不疾不徐，反应比别人慢半拍。另外，通常客户不满意销售员或心怀敌意时，言谈的速度就会放慢；相反，当客户心里有鬼或想欺骗销售员时，说话的速度大多会不由自主地加快。一个平时沉默寡言的客户，突然之间变得能言善辩、喋喋不休，表明其内心有不欲人知的秘密或心虚，想用快言快语作为掩饰。

充满自信的客户谈话时多用肯定语气；缺乏自信或性格软弱的客户，说话的节奏多半慢条斯理、有气无力。

喜欢低声说话的客户，不是缺乏自信，就是女性化明显。

那些说起话来没完没了，希望话题无限延长的客户，其内心潜藏着唯恐被别人打断和反驳的不安。唯有这种客户，才能以盛气凌人的架势一直说个不停。

喜欢用暧昧或不确定的语气、词汇作为结尾的客户，通常害怕承担责任。

经常使用条件句的客户，如“这只是我个人的看法”“不能一概而论”“在某种意义上”或“在某种情况下”等，大多怕得罪人。

一个实战技巧——如何从言谈中辨别客户的身份

销售员能从客户的谈话内容，判断出客户身份地位的差别吗？答案是肯定的，因为地位高的客户在谈话中总表现出一种优越性。在公共场合，他们往往是第一个发言的人，也是讲话最多的人。他们更喜欢东拉西扯、谈笑风生，毫不拘谨。所以，在公共场合即使对客户一无所知的销售员，也能根据客户发言的次序以及讲话的内容和表情，辨认出客户的身份。

支配性的客户在谈话过程中，更喜欢打断别人，尤其是在他认为发言人的意见不正确的时候。他们喜欢吹毛求疵、指手画脚，总能从鸡蛋里挑出骨头来，以显示自己超凡的判断力和作为领导者的责任感。同时，他们总是对自己的发言信心百倍，说话的声音盖过所有人，借此提高自己的权威。在他们的词典里甚至找不到“嗯”“啊”之类的意义模糊的词语。

判断客户的身份还有另外一条线索，就是“谁适应谁”。处于屈从地位的人常常通过调整自己的谈话风格，来配合权威人物的谈话，或者称之为“模仿”。研究表明，人们在遇到自己喜欢或佩服的人时，常常会模仿，以此取悦别人。

为了更好地配合别人的谈话，人们常常会调整语音、语调及语速。为了研究谈话中的“适应”问题，美国的两位社会学家进行了一项实验，他们通过对一档电视谈话节目进行“挑战视听极限”的研究，仔细比较了主持人和嘉宾的语音，结果发现，在与处于上流社会的大明星伊丽莎白·泰勒交谈时，主持人会极力调整自己的风格去适应她；而在与被视为讽刺对象的丹·奎尔的交流过程中，嘉宾却需要来适应主持人。

总之，不管在什么样的场合，支配性的客户总是表现得从容自信，把握着谈话的主动权。他们可以随心所欲，不必顾及是否会得罪人，因为他们自己就是权威。

从话题的选择上分析客户的心理

在与客户交谈的过程中，注意倾听对方的话题，并且加以适当分析，会增加你对客户的了解，进而提高倾听质量。

销售心理专家指出，在交谈中，客户所选择的话题往往是其心理的间接反映。当你与客户进行交谈时，倾听一下对方的话题并加以适当分析，那么即使对方并没有直接说出自己的想法，你也可以知道对方某方面的心理信息。

在销售过程中，客户常见话题所反映出来的心理主要有以下几种：

1.以自己为话题

有的客户在与销售员交谈时，喜欢谈论与自己有关的事情，比如自己的个性、爱好、对人对事的看法等，这样的客户往往自我意识较强，多少有点儿虚荣心和表现欲，渴望自己能够成为他人关注的焦点。此外，这类客户性格比较外向，感情色彩鲜明而强烈。

2.不爱谈论自己

与那些喜欢以自己为话题的人相反，有些客户对自己的相关信息严密防范，即使是一些可以公开的个人话题他们也不愿涉及。一般来说，客户这种行为倾向主要是源于三种心理：个性内向，主观意识不强；自卑，对社交多少有些恐惧；城府很深。

3.以他人为话题

如果客户将第三者作为和你交谈的话题，对第三者的各个方面都滔滔不绝地加以评论（当然，这个第三者必然是你和对方都很熟悉的人），那么对方多半是有某种企图。此时你应该好好地想一想："他不停地说起第三者的意图是什么？"并且最好把话题岔开，千万不要随意附和他或者加以评论，一旦你这样做了，就等于走入了对方的圈套之中。当然，不排除有的人是天生的长舌，即使这样，把话题岔开仍然是你最好的选择，否则你很有可能为自己带来人际关系方面的纠纷。

4.将金钱视为禁忌

这类客户对金钱很敏感，而这种敏感往往是来自于金钱上的自卑或者不安全感。一般来说，如果他是个有钱人，那么他的心灵一定正在被空虚所煎熬着，他害怕别人从他的手里夺走财产；如果对方是个物质相对贫乏的人，那么"如何获得金钱"多半已经是他生命的主题。总的来说，这类人之所以对金钱避而不谈，并非因为他们不把金钱当回事儿，而是因为他们太看重金钱、太现实，认为金钱至上，有物质崇拜的倾向。

5.爱发牢骚

谈话中，无论说到什么都喜欢发牢骚的客户，大都是完美主义者。他们的自信心很强，同时他们对人对事也力求完美。自己没有达到预定目标就埋怨自己，别人做得不好他自然不会放过，因此，对于他们来说，世间总有那么多不尽如人意的事，牢骚自然很多。

6.爱赞美对方

你一定碰到过在交谈中不停赞美你的客户，他们赞美你的个性、爱好、品位、职业、家庭……虽然你明知道他的赞美也许并不那么真心，但是你仍然很受用。这类客户一般比较有心计，他在恭维你的同时，很可能在心里盘算着如何达到自己的目的。因此，你要保持清醒的头脑，千万不要被他的赞美迷了心窍。

7.突然转移话题

在谈话中，客户突然转移话题，一般有两种情况。第一，对方突然将话题转移，并提出你难以接受的、非常苛刻的条件。这种情况，要么是你引起了对方的反感，对方有意刁难，要么是对方在试探你的诚意。第二，对方突然将话题岔到毫不相干的话题上。这种情况，多是因为客户对你们正在谈论的话题根本不感兴趣，所以将话题岔开。这类客户往往支配欲和自我显示欲强，对他人缺乏足够的尊重。

从说话的语态上听透客户心

一个人说话的目的不仅仅只是把想表达的意思传达给对方，更主要的目的是为了让对方接受——更好、更愉快地接受。为了达到这样的效果和目的，在说话的时候，就要注意自己的语态。所以，聪明的销售员可以从客户说话的语态上听透对方心理。

说话语态恭敬的客户，多比较圆滑和世故，他们对他人有很好的洞察力，往往能够体会到他人的心情，然后投其所好。这一类型的客户适应力很强，善于随机应变，性格弹性比较大，与绝大多数人都能够保持良好的关系，在为人处世方面多能如鱼得水、左右逢源。

善用礼貌语的客户，多有一定的学识和文化修养，能够给予他人足够的尊重和体谅，心胸比较开阔，有一定的包容力。

说话简洁的客户，性格多豪爽、开朗、大方，行事相当干脆和果断；凡事说到做到，拿得起放得下，从来不犹犹豫豫、拖泥带水，非常有魄力，开拓精神可嘉，有敢为天下先的胆量。

说话拖拖拉拉的客户，多比较软弱，责任心不强，遇事易推脱逃避，胆子比较小，心胸也不够开阔；婆婆妈妈，容易嫉妒他人，整天在一些鸡毛蒜皮的小事上面纠缠不清。他们虽然对现实的状况有诸多不满，但缺乏开拓进取精神，并不会寻求改变，只是在等待。

在谈话中好为人师的客户，多自我意识强烈，常常自以为是、目中无人，表现欲望强烈，希望自己能够引起他人的注意，好卖弄。

说话刻薄的客户，也时常缺乏必要的礼貌，他们对人多特别挑剔，似乎永远也没有满意的时候，时常会遭到周围人的厌恶，人际关系并不是很好，而他们自己却意识不到这一点。

第十章

始终保持耐心，让客户畅所欲言

行动胜过言语，耐心倾听客户的话，事实上就是用一种无声的语言表达你对客户的尊重。做一个耐心的倾听者，让客户畅所欲言，就一定能赢得客户的心。

耐心是倾听第一要义，掌握耐心倾听的原则

销售员以耐心的态度真正“听懂”客户，了解客户话里话外的问题与想法，同时让客户感到你的重视与关怀，就可以为解决问题、达成交易奠定良好的基础。

对于耐心倾听的重要性，许多销售员在工作中都有所体会，那么要想真正做到耐心倾听有哪些原则可循呢？具体而言，包括以下三点：

1.倾听态度要热情、负责

著名销售大师约翰·迪克森说：“优秀的销售员，用耳听内容，更用心‘听’情感。”的确如此，正确的倾听态度是有效倾听的前提。比如电话销售，当电话响起的那一刻，销售员首先要露出真诚的微笑，即便对方看不见。之后，听到客户的声音，不论是男高音或女低音，年轻或年老，言谈是否流利，态度是好是坏，销售员都要积极地去倾听，保持热情地倾听，负责任地倾听。

2.倾听时避免不必要的干扰

很多销售员都有过这样的经历：一句答非所问的话，让客户失去信任，让自己深感懊悔。所以，销售员要集中精力地去倾听客户的每一句话，避免不必要的干扰。一般而言，倾听时要避免的主要干扰有以下三种：

第一，周围环境的干扰。比如在室外接听客户电话的时候，要注意避免周围人的说话声、来往车辆的声音以及天气因素造成的声音，如风雨声，因为这些都会对专注倾听造成干扰。

第二，开小差的干扰。在倾听客户时，也许生活中还在处理的事会涌上销售员的心头：和女朋友吵架后下一步不知如何处理、下班后要参加一个朋友聚会等。他们稍不留神就会开小差，结果忽略了客户很重要的话。

第三，客户说话不够流利、说话结巴等因素的干扰，会让销售员在倾听时无意识地带上过滤筛，选择性地摄取信息，此时一定要避免“以音取人”，避免遗漏重要信息。

3.做一个积极主动的倾听者

一位电话销售员接到了客户的投诉，原来公司在核算产品价格时出现了小小的误差。尽管前面已经有两位销售员为对方提供了解决方法和建议，但他仍拨打了第三个电话。这位销售员没有重复提出具体的解决方案，而是让这位客户痛快淋漓地将他的不满发泄出来。

在整个过程中，销售人员只是耐心地听着，不时地回答“是的”“感谢您对我们公司业务的支持”等。最后，客户变得友善起来，终于开始询问建议。结果，对方平和地接受了建议，还赞美这位销售人员服务态度好，并期待下一次的合作。

总之，假如仅仅用语言告诉客户你尊重他，对方恐怕难以相信。然而，行动胜过言语，耐心倾听对方的讲话，事实上就是用一种无声的语言表达你对他人的尊重。做一个好的聆听者，不仅会赢得客户的赞美，更重要的是能赢得客户的心。

站在客户的角度，听对方想说的话

曾经有一位销售精英这么说：“假如客户很会说话，那么我已有希望成功地说服对方，因为对方已经讲了七成话，而我们只要说三成话就够了！”

事实上，大多数销售人员为了达成交易，会精神十足地拼命说，说完了七成，只留下三成让客户说。这样如何能顺利圆满地完成销售呢？我们应尽量将原来要说话的立场改变成要听话的立场，去了解客户的想法、意见，这才是最重要的。

为什么要这样做呢？因为当一个人的想法遭到别人直截了当的否决时，极可能为了维持尊严或因咽不下这口气，而变得更顽固地坚持己见，排拒反对者的建议。若是销售到了这个地步，成功的希望就不大了。

所以，不妨先接受客户的想法。例如，当你感觉到客户仍对他原来的想法坚持不舍时，其原因是尚有可取之处，所以他反对你的提议，此时最好的办法，就是先接受他的想法，甚至先站在他的立场说话。

某家用电器公司的销售员挨家挨户推销洗衣机，当来到某户人家里，他看见这户人家的太太正在用洗衣机洗衣服，就忙说：“哎呀！这台洗衣机太旧了，用旧洗衣机是很费时间的，太太，该换新的啦……”

结果，不等这位销售员说完，这位太太马上产生反感，驳斥道：“你在说什么啊？这台洗衣机很耐用的，到现在都没有故障，新的也不见得好到哪儿去。我才不换新的呢！”

过了几天，又有一名销售员来拜访。他说："这是令人怀念的旧洗衣机，因为很耐用，所以对您有很大的帮助吧。"

这位销售员先站在这位太太的立场上说出她心里想说的话，使得这位太太非常高兴，于是她说："是啊！这倒是真的！我家这台洗衣机确实已经用了很久，是太旧了点，我也想换台新的了。"

于是，销售员马上拿出洗衣机的宣传小册子，提供给她做参考。

这种推销话术确实对销售大有帮助，因为这位太太已有了购买新洗衣机的打算。至于销售员是否能说服成功，只不过是时间长短的问题了。

一般来说，客户之所以感到忧虑，主要是怕同意购买之后，发生意想不到的后果。如果你能洞悉他们的心理症结，站在他们的角度，听他们想说的话，他们还有不答应的理由吗?

对于令对方感到不安或忧虑的一些问题，要事先想好解决之道，一旦对方提出问题，你便可以马上予以说明。如果你的准备不够充分，讲话时模棱两可，反而会令人感到不安。所以，你应事先预想一些对方可能会考虑到的问题，准备充分的资料，给客户提供方便，这是相当重要的。

客户不是论敌，永远不要与客户争辩

在销售过程中，销售员与客户之间往往会有观点不同的时候，这个时候就需要销售员用艺术的方法处理彼此之间的分歧，万不可图一时口快，与客户争辩个不停。尤其在即将成交时，经常会出现"赢了口才，输了订单"的状况。人的潜意识里都有需要尊重、理解和表现的心理，因此不要常常把客户的意见当成是恶意的挑剔，也不要与客户展开激烈的争辩，而要保持耐心，以认真倾听客户的意见为主。

一位怒气冲冲的客户走到一家商场服装店的柜台，拿出一件有问题的衣服，向柜台的销售员申诉。销售员看了衣服的问题，认真听了客户的申诉，最后说了这样一句话："是的，这样的衣服换我买了，也会气成您这样。"销售员的话顿时使客户的火气消了一半，由先前坚持退货到后来同意换一件。

再来看一个类似的案例：

有一次，由于天气极度恶劣，林达女士的公司没有把客户公司所急需的材料及时送到，客户非常生气。这样的失误不仅会给对方造成极大的损失，也给她自己公司造成很大影响，因为这是两家公司的第一次合作，对方的条件非常符合林达公司的要求。

林达已经预测到，第二天在见到对方后，对方肯定会大发脾气。但是，对于新的客户，林达从来都不会让公司失去和对方第二次合作的机会。在去之前，她为此做了充足的准备。

林达毫不慌乱地走进了那家公司老总的办公室，果然，对方见到她之后，开始了对她大发脾气。

"对于你们公司的做法，我感到极度的失望，因此，你们要对你们的行为负责！我无法容忍一个有极高知名度的企业会做出如此让人无法忍受的事情来……我现在没有办法形容我内心的愤怒……"

足有半个多小时，对方的老总把林达骂了个狗血淋头。而林达坐在椅子上，很认真地听着对方无休止的"唠叨"，还不时点着头。

终于，对方感到疲倦了，坐了下来，点了一支烟，看着林达，想听林达说点什么。

"对于这件事，我很抱歉，我们会想办法弥补你们的损失的！"林达看到对方的表情后，慢慢地说出了这些话。

“今天的天气不错，我能请你喝杯咖啡吗？”林达接着说道。

“当然，这没问题，我也正想喝杯咖啡。”

对方的老总根本没有料到林达会邀请他去喝咖啡，于是，毫不犹豫地答应了。

林达和对方的老总愉快地度过了一个上午。喝完咖啡，对方的老总很欣赏地看着林达，说道：“其实，我非常明白贵公司的难处，如果是我们，在那种天气下，也是不可能在规定的时间内把材料送到的。对于我刚才的行为，我表示真诚的道歉，希望我们能继续合作。我对你们公司很满意。当然，我对你的行为更加满意。”

在这个例子中，林达利用她高明的倾听技巧，把客户的不满意全身心地感受下来，站在客户的立场上感受客户的心情，而不是与客户争辩，并因此得到客户的肯定和谅解。

销售员若是同客户争辩又会怎样呢？

帕特里克·奥黑尔是纽约怀海特汽车公司的一位销售员，在他最初从事这项工作时，他总是跟客户争吵，惹得客户大为不满。明明是一个可能要买他车子的客户，但只因对他出售的车子说了几句不中听的话，帕特里克竟勃然大怒，立即向对方发起攻击。

有一次，帕特里克走进一位客户的办公室，当他做完自我介绍后，对方说：“什么？是怀海特公司的车？那有什么好！你就是送给我，我也不要！我要的是威斯特公司的产品！”

帕特里克大为恼火，立即对威斯特汽车进行“狂轰滥炸”。可是，他越是数落威斯特汽车，对方就越是夸赞它。

帕特里克在同客户的争吵中大获全胜的时候居多，他常常是一边离开客户的办公室，一边说：“我可把那家伙教训了一顿。”被他“教训”了一顿的客户会买他的车子吗？当然不会！因为他把对方驳得体无完肤，让对方感到自己矮了一截，这极大地伤害了对方的自尊心。

销售员在同客户进行争辩时，不仅赢了卖不出去东西，输了同样也不能成功销售，因此对于销售员而言，最好的做法就是不同客户进行争辩。

喜欢与客户争辩是销售失败的一个主要原因。销售员和客户作为利益不同的主体，在销售过程中必然会出现各种矛盾，在异议处理过程中这种情况更容易发生。在回答客户问题或异议时，有时候销售员会发现不知不觉中自己与客户已经争论起来了，气氛相当激烈。这时销售人员要切记：不管客户的意见是对的还是错的，是深刻还是幼稚，都不能表现出轻视的样子，更不能表现出不耐烦。不管客户如何反驳你，与你针锋相对，你都要心平气和，避免与其争辩，不给他心理受挫的失败感和抵触感。

销售员应该谨记：争辩中的胜利者永远是生意场上的失败者；争辩不是说服客户的好方法；与客户争辩，失败的永远都是销售员。

销售行业有一句行话："占争论的便宜越多，吃销售的亏越大。"销售不是与客户辩论。如果客户辩论不过你，他可以不买你的东西，最终受伤害的还是你自己。

面对那些过于敏感的客户，销售员要尽量避免直接或间接对他们做出可能冒犯的评语，即使如"有点""可能"这类有所保留的语气，都会让他们心乱如麻，所以在与客户交流的时候要谨慎，指出事实就好。特别要让客户了解自己只是针对事情本身提出建议，而不是在对他们进行人身攻击。

针对客户过度的反应，销售人员不要也跟着乱了手脚，急于辩解，那可能会越描越黑，只要重申事实本身就好。提出意见的时候也同时指出客户的优点以及表现出色的地方，以建立他们的自信心。

对于那些"为反对而反对"或"只是想表现自己的看法高人一等"的客户，如果销售员认真地处理，不但浪费时间，而且还有可能旁生枝节。这类客户提出一些反对意见，并不是真的想要获得解决或讨论，你只要面带笑容地同意他就好了。你要让客户满足表达的欲望，耐心倾听，然后在合适的时候再引开话题。

总之，客户不是我们的敌人，而是我们未来的合作伙伴。销售的目的是为了达到双赢，而不是要辩得客户无话可说。

容忍并耐心倾听客户的抱怨

客户的抱怨多是不满意的表露。客户的目的没有达到，客户的愿望没能实现，就会在情绪、语言上对销售员进行抱怨。正确对待并处理客户的抱怨，是销售的一项重要内容。

客户的抱怨对销售的危害性很大，它给客户以极大的消极心理刺激，使客户在认识上和感情上与你产生对抗。一个客户的抱怨可以影响到一大片客户，他的尖刻评价比广告宣传更具影响力。抱怨直接妨害产品与企业的形象，威胁着销售员的个人声誉，也阻碍着销售工作的深入与消费市场的拓展，对此千万不能掉以轻心。

不少销售员把客户的抱怨视为小题大做、无理取闹，这是因为他们仅仅把自己作为一个旁观者来看待。

比如，交货期限比计划迟了几个小时，从你的立场来看，区区小事一桩，没那么严重，但对客户来说则是一件大事——迟到的交货会把客户周密安排的计划打乱。

假如你事先不了解真实情况，甚至当着客户的面说什么“有什么可值得大惊小怪的”“不就是一件小事吗，不至于吧”“问题不会如此严重吧”，那么这无异于火上加油，让对方当场与你争执起来，招致双方反目。

大量实践证明，只有站在客户的立场上看待客户的抱怨，你才能更好地理解客户抱怨的重要性，积极采取有效措施予以妥善处理。

从销售的角度分析，当人们心中有了疙瘩，促使其讲出来比让它闷在心中更好。闷在心中的意见总会不时浮现，反复刺激客户。这种心理刺激对销售工作会构成消极的影响，久而久之你就会因此失去客户的信任。

客户有了抱怨闷在心中，你如果无从得知，始终蒙在鼓里，继续进行使客户不快的做法，这样会更严重地得罪客户，届时客户情绪会更加对立，再怎么试图做解释和挽回工作都属徒劳。

因此，对待有抱怨的客户一定要以礼相待，要耐心听取对方的抱怨，并尽量使他们满意而归。即使碰到爱挑剔的客户，也要婉转忍让，至少要在心理上给这样的客户一种如愿以偿的感觉。

如有可能，你要尽量在少受损失的前提下满足他们提出的一些要求。假若能让鸡蛋里挑骨头的客户也满意而归，那么你将受益无穷，因为他们中有人会给你做义务宣传和义务销售。

耐心倾听助你扭转销售局势

在与客户进行沟通的时候，尤其是在销售危局中，可以通过耐心倾听让客户感觉到你的冷静，把“急躁”抛给对方，你就能在这不动声色中扭转局势了。

爱迪生在他20岁的时候，在金业证券及电报公司做电气工程师。他在那里工作期间，对当时用的通信器做了许多改进，并发明了被他命名为“金业通信器”的器材，还去申请了专利。

有一天，公司里的两位董事找到了爱迪生，请他到经理室去，说他们要跟他谈谈关于购买他的“金价通信器”发明权的事情。在走进经理室时，爱迪生心里想：“要是能卖到5000美元，我就心满意足了。当然，只要公司愿意买下来，随便什么价钱我都会接受，价格别低得离谱就行。我现在正需要一笔钱，以预备做进一步的实验呢。”

“哦，爱迪生先生，”经理赖福慈说，“你的机器要卖多少钱？”

爱迪生回答道：“你看值多少钱？请你开个价吧。”

“40万美元，你觉得怎么样？”

听了这个数目以后，爱迪生简直都不敢相信自己的耳朵，他简直快要晕倒了，这比他的预期要高出了80倍！

后来，爱迪生能够独立经营制造及发明事业，就是依靠着这40万元巨款。而使他得到这笔巨额财富的那个诀窍，他牢牢地记在了心里。“请你开个价吧！”他用这个方法又把两种不同的发明专利卖给了西联电报局，各得10万美元。

爱迪生让别人先开口说话，自己耐心倾听，结果反而使自己占到了便宜。销售员在和别人进行沟通的时候，其实也可以使用这一办法。

事实上，那些销售精英经常会在恰当的时机里，把发言权交给客户，自己则沉住气不动声色，结果却往往掌握了主动，掌控住了整个局面。

有时候，要使人们照我们的意思去做，就只有先掩饰我们自己的意图。当我们装出一副漠不关心的样子后，对方就会把与我们打交道看成是一种机会；但如果我们迫不及待地陈述，他们就会有所戒备。

日本DC公司的总经理山本村佑与美国一家公司在谈一桩生意，美国方面已经知道了DC公司面临着破产的威胁，于是就想用最低的价格把DC公司的全部产品都买下来。

当美方向他提出了这些要求后，山本村佑虽说急需周转资金以扭转公司濒临破产的局面，但他仍装出一副淡漠的态度，叫来秘书问他去韩国的机票是否已经订妥——他明天准备赴韩谈一笔更大的生意，以此流露出对美方提出的这桩生意兴趣不大的意思，让美方感觉到，他与美方合作成功与否都持着一副无所谓的态度。

山本村佑的这种超脱与漠不关心的态度，一下子让美方丈二和尚摸不着头脑了，于是，美方谈判负责人急忙打电话告知在美国国内的总裁，请示下一步的行动。因为当时美方也正急需这些产品，总裁权衡利弊，最终下了决心，以原价购买了DC公司的产品。

所以，有时候你要做的就是竖起耳朵去听别人的观点，然后让自己变得冷静再冷静。用你漠不关心的表象来反衬对方的“急切”，从而达到你想要的目的。

坚持到底，别在最后时刻毁掉交易

销售越是到最后，越是应该耐心倾听完客户的话，再承上启下地提出签单要求，并注意众多细节上的问题，千万不可在最后关头功亏一篑，为此你需要避开以下倾听的误区：

1.慌乱

签单前的时间是销售最关键的时候，部分销售员此时非常紧张，出现表达不清晰或者比较紧张的肢体语言，这种表现容易使客户对产品失去信心，同时也会使销售员头脑混乱，不能在倾听时很好地解答客户的问题，导致客户改变心意。

2.说太多

何谓说太多？就是反复或通过大量的言语表达同一个事情。很多销售员都会在销售最后阶段犯这种错误。比如，如果客户对价格有异议，销售员就会反复地说这个合同价格并不高、非常公道、价格很便宜，和其他竞争者相比怎么怎么样，这时客户很容易再次和你讨价还价，或者产生“怎么会有这等好事”的想法，最终导致成交失败。对于这种没有太多商量余地的异议，在适当地解释之后，可通过打岔转移话题。

3.失去保持沉默的机会

沉默是金。偶尔的沉默，一方面是为了倾听客户的意见，给他表达的机会，找到他的需求点；另一方面，通过沉默表达对客户观点的认可，让他有成就感，更容易签单。在销售的最后时刻，适当的沉默能避免很多不必要的麻烦。

4.让客户太沉默

俗话说“趁热打铁”，销售时要向客户灌输产品的特征，也要提起客户的兴奋度，使客户“热”起来。一旦使客户沉默，会让他冷静地思考产品中的问题。如果他不愿意提出问题，则说明在他内心中对产品持否定态度，这不利于最后签单。

5.太神经质

神经质就是指在倾听时对客户的某一个行为或言语表现出强烈的不安，并由此导致错误的认识。如很多销售员在这一阶段会将客户的某一句疑问的言语理解为客户不愿意签单，导致销售失败。

6.悲观

悲观主要表现为对自己的产品缺乏信心，认为客户不会认可或购买自己的产品。而这一情绪也会影响客户，导致客户最终对产品失去兴趣。

7.在即将结束时，与客户争执

在最后阶段，针对客户的不同观点，很多销售员担心客户因此不签单，而极力压制客户的观点，从而导致发生争执，最后客户放弃签单。

8.使用否定性语言

在这一阶段，有些客户会提出一些疑问或需求，但很多销售员为了不让客户质疑，大量否定客户的疑问或需求，而不是耐心倾听或正面解释，导致客户非常反感。

9.慎重对待客户的要求

销售员有时为了取悦客户，会越权答应客户的一些要求，导致后期无法兑现承诺而使客户不满意；同时，同意会刺激客户提出更多的要求，一旦无法践诺，失败的可能性就会猛增。

10.向客户请求

在销售活动中，销售员与客户是平等的，有些销售员由于缺乏信心，表现出祈求对方的意思或态度。这一态度易让客户产生高傲的心态，使得销售两端不再平等，也易使客户对产品提出更多的不满或质疑。

11.松懈以至于放弃

有时客户的考虑和犹豫会使销售员认为可能不会签约了，从而放弃客户，使得本来有签约意向的客户完全丧失兴趣。因此，销售要成功，很重要的一点就是要耐心，不到最后一分钟决不放弃。

保持耐心的同时，配合以虚心和会心

在销售过程中，说话是在传递信息，倾听是在接受信息。作为销售一方，即使在听的时候，也应该积极主动。听人谈话，并非只是简单用耳朵就行了，在保持耐心的同时，需配合以虚心和会心。

先说虚心。销售的一个主要内容是沟通信息、联络感情，而不是智力测验或演讲比赛，所以在听客户谈话时，应持有虚心聆听的态度。

有些销售员觉得某个问题自己知道得更多，就断然中途接过话头，不管客户的想法而自己发挥一通，这是很不尊重客户的表现。他们急于发言，经常打断客户的讲话，迫不及待地发表自己的意见，而实际上往往还没有把客户的意思听懂、听完。

在一般销售场合如果你不赞成客户的某些观点，应以虚心的语气表示疑问，请对方解释得详细一些，或者说："我对这个问题很有兴趣，我一直不是这样认为的""这个问题值得好好想一想"。

即使你想纠正对方的错误，也需要在不伤害对方自尊的条件下以商讨的语气说："我记得好像不是这样的吧……""贵方在以往的业务中似乎是另一种做法……"如此这般，就足以使对方懂得你的意思了。

不必要的争辩，会打乱双方和睦的交谈气氛。有时，人们刚刚认识，没有谈上几句就谈崩了，就是由于双方互不让步，都想纠正对方的"错误"，以至于彼此都感到“话不投机半句多”了。

听比说快，销售员在倾听过程中总有时间等待，在这些时间空隙里，应该虚心感受对方谈话的观点、要求，并把对方的要求与自己的愿望做比较，预先想好自己将要阐述的观点与理由。

再说会心。倾听客户说话，不只是在被动地接受，还应主动地反馈，这就需要做出会心的呼应。

在对方说话时，你要不时地发出表示听懂或赞同的声音，或有意识地重复某句你认为很重要、很有意思的话。有时，你一时没有理解对方的话，或者有些疑问，不妨提出一些富有启发性和针对性的问题，对方一般是乐意以更清楚的话语来解释一番的，这样就会把本来比较含糊的思路整理得更明晰了。同时，对方心理上也会觉得你听得很专心，对他的话很重视，会有“酒逢知己千杯少”之感，话题也会谈得更广、更深，更多地暴露他的内心。

第十一章

听到要害：客户的关键话可别错过了

倾听时，遗漏关键信息往往会造成巨大的损失。面对扑面而来的大量语言信号，销售员只有听到要害，才能让自己在销售中占据主动，才算是一个积极的倾听者。

听到要害，你就能掌控客户

亨得利是一位财力雄厚的投资人，有一次，他想把一大笔钱投资到飞机买卖上。他去飞机制造厂选定了35架飞机，其中有10架他非常喜欢，势在必得。

最开始谈这笔生意的时候，亨得利亲自出马去与厂商谈判。结果，在谈判时，双方口气都很强硬，毫不妥协，越谈越僵，怎么谈都谈不拢。最后，厂商被气得吹胡子瞪眼，亨得利则勃然大怒，拂袖而去。

不过，亨得利并没有死心，他每天都苦思冥想，总想找到一个好办法，用最低的价格谈成那笔生意。一天，亨得利的朋友泰德来家里拜访他。在谈话过程中，亨得利总是心不在焉。泰德便好奇地问道："是什么事让你如此烦躁不安啊？"亨得利便把事情的原委告诉了泰德。

泰德听完后，笑着说："亲爱的亨得利，你忘了我是一个销售高手了吗？把这事儿交给我处理吧！"

亨得利一拍脑袋，叫了起来："哎呀，我怎么就把你这个高手给忘了呢！反正其他几架谈不拢没关系，最重要的是要把我最喜欢的那10架搞到手，这样我就心满意足了。你觉得行吗？"

"没问题，包在我身上！回来请我喝酒！"于是，泰德就这样成了亨得利的谈判代理人，帮亨得利出面继续商谈。

第二天下午，泰德回到了亨得利的住所。亨得利一看到他，就兴奋地问道：

“怎么样？怎么样？泰德，飞机的事都谈妥了吗？”

泰德苦着脸，耸了耸肩，摇了摇头。见此，亨得利的头一下就耷拉下来了，直叹气说：“唉，连大名鼎鼎的泰德都不行了，难道我的飞机计划就此泡汤了吗？”

谁知，泰德突然大笑着说：“老兄，给你开个玩笑而已。一切都搞定啦！”

“你说什么？你的意思是把那10架给搞定了吗？”

“当然不是，是35架！我把35架都买到手啦！”

“怎么可能！我的上帝！泰德，你真是个天才！快说说你是怎么全都买下来的？”

事情经过是这样的。那天，泰德到工厂后，就去找了那个“刁钻”的厂商，他自我介绍道：“您好，先生，我是亨得利先生派来的代理人。从现在开始，由我跟您谈飞机的购置事宜。”

那位厂商一听，就松了一口气，说：“唉，太好了，我再也不用跟那个蛮不讲理的人谈了！您请说吧。”

听到这话，泰德脑筋一转，就明白自己听到要害了。原来，这位厂商已经怕了亨得利，这辈子都不想跟亨得利打交道了。

之后，在每一次谈到某一个引起异议的条款，厂商极力反对或双方陷入僵局时，泰德就一本正经地问道：“您到底是希望继续和我谈呢，还是希望我去把亨得利先生再次请回来？”

泰德每次这样一说，厂商就一头虚汗，连忙乖乖地说：“呵呵，算了吧，这一点就照您的意思办吧！”

就这样，一笔大生意就在泰德的“恐吓”下谈成了。

泰德是如何成功的呢？他在客户的话中听到了要害，这个要害就是“厂商不愿意与亨得利谈生意”。发现了这个要害，泰德就等于在谈判中牵住了对方的“鼻子”。一有异议产生，泰德就会搬出“要害”，从而使厂商妥协，只能跟着他的思路走。在这个过程中，泰德扮演着“和事佬”的角色，让对方“松了一口气”，然后牵制住对方。

所以说，销售员一定谨记，倾听客户的话，关键在听到要害，让自己占据主动，而不是一直被客户牵着走。

倾听并不只是听见，学会高层次的有效倾听

“倾听”在很多人看来就是“听见”，这实在是一种危险的误解，只是听见却不能从对方的谈话中找出真正对自己有用的东西，那就不过是为一次无效倾听浪费时间而已。

倾听的效益未必都来自于说者本人，更来自倾听者的本领。比如，一个销售员听客户东拉西扯说一些似乎毫无价值的家常话，但是销售员调用自己的经验和知识，却能从这些家常话中找出达成交易的契机，这就是销售中高层次的有效倾听。

一般来说，“倾听”可分为三个层次：

最低的层次是，听者完全没有注意说话人所说的话，假装在听，其实却在考虑其他毫无关联的事情，或内心想着如何辩驳。他更感兴趣的不是听，而是说。这种层次上的倾听，导致的是关系的破裂、冲突的出现和拙劣决策的制定。

一般的层次是，听者主要倾听对方所说的字词和内容，但很多时候，错过了讲话者通过语调、身体姿势、手势、脸部表情和眼神所表达的意思。这将导致误解、错误的举动、时间的浪费和对消极情感的忽略。另外，因为听者是通过点头同意来表示正在倾听，而不用询问澄清问题，所以说话人可能误以为所说的话被

对方完全听懂了。

最高的层次是，倾听者能在说话者的信息中寻找最有价值的部分，并避免对说话者做出武断的甚或错误的评价。倾听者不会急于做出判断，而是感同身受对方的情感。他们能够设身处地看待对方的言谈内容，能够调用过去的知识和经验跟对方所表达的信息相融合，从而酝酿出极有价值的新观点或新方法。

通常，80%的销售员只能做到较低的两个层次的倾听，能达到高层次的销售员只有20%。这不是倾听技巧的问题，而是观念导致的。80%的销售员希望好想法和好主意是由自己想出来并说出来，变成自己引起自豪的资本，而不希望客户夺去他们出风头的机会。或者，由于在内心深处不重视对方，也不抱从对方那里得到好主意的指望。这样的销售员虽可能提出有益的建议，意见也可能会被采纳，但人和产品却不能因此而受到客户的足够重视。

所以，对销售员来说，客户的话不一定都需要照做，但听听却没有坏处，如果能做到高层次的有效倾听，那效果往往会出奇的好。

吃菜吃心，听话听音：听出客户的言外之意

倾听时，不但要细心聆听客户讲的话，而且还要听出对方没讲出来的话。善听言外之意是倾听的关键所在，因为言外之意能告诉你一个客户的地位、性格、品质及内心想法等。

网上曾流传这样一个小段子：如果一位美女对你说“我真喜欢你，你是个大好人”，那么她是不是看上你了？九成不是。

那些女人有她们自己的语言，她们说这话的意思无非是想让你帮她买一件衣服或是送她一件珍贵的礼物。那么，为什么她们总不直截了当地提出自己的要求呢？这可真算得上是一个古老的问题了。也许女人创造自己的语言是为了在男人与女人的战争中先胜一筹。果真如此的话，那么男人一旦完全破解了她们的语言，她们岂不是反而引火烧身？

她说："今天上班过得太痛苦了，累死我了！"

意思一："问问我这一天怎么过的，关怀我一下。"

意思二："下班后一定来接我，我有话对你说。"

她问："我穿这件衣服好看吗？"

实际意思："我是不是胖了？"

这些种种不同的话，都可以让人理解出不同的意思，这其实是一种学问。

有这样一个故事：

有一个非常穷的人患了急病，病情渐渐加重，医生说他没希望了。病人祷告众神，说如果神能治好他的病的话，他一定设百牛祭，送礼还愿。他妻子正站在旁边，听他这么说，便问道："你从哪儿弄这笔钱来还愿呀？"他回答说："你以为神让我病好下床，是为了向我要这些东西吗？"

在销售中，倾听的道理也是如此。一位颇为成功的销售精英认为，他在与人谈业务时之所以能取得成功，是因为他不但能细心聆听客户讲的话，而且能听出对方没讲出来的话。

他讲出一幢房屋的价格时，客户说："哪怕琼楼玉宇也没有什么了不起。"可他说的声音有点犹豫，笑容也有点勉强，销售精英便知道对方心目中想买的房子和他所能买得起的显然有差距。

"在你决定之前，"这位销售精英从容地说，"不妨多看几幢房子。"结果皆大欢喜。那位客户买到了他能买得起的房子，生意成交。

销售员应该用心倾听并认真分析客户的话，不能仅仅满足表层的听和理解，而要从客户的言语中听出话中之话，以及从其语情语势、身体的动作中演绎出隐含的信息，把握说话者的真实意图。只有这样，才能做到真正的倾听。

听也要掌握主动，用话语引导客户说出你想要的话

在销售过程中，如果你想避免受到客户话语的影响，掌握主动权，那么你就要学会用你的话引导客户说出你想要的话，这样才能顺利地让客户签单。

一天，一个保险销售员来到客户家里推销保险，销售员向客户介绍自己说："先生，您好！我是保险销售员××。"

客户："我是一名公务员，该买的保险单位都给我买了，我现在不需要任何保险了。"

销售员："先生，话可不能这么说，在以前的社会根本没有保险的概念，就算一个人患上疾病或是发生了意外，还有大家庭可以照顾家庭里的其他人，可现在都是小家庭。就算您有兄弟姐妹，他们肯对你伸出援手，但很多时候也是杯水车薪啊！"

客户："这对我来说也没什么关系，因为我在银行里还有存款。"

销售员："有多少呢？能让您的家人衣食无忧地生活一辈子吗？能让您的孩子顺顺利利地念完大学，就算够念大学，那还可以继续出国深造吗？"

客户："以我现在的经济状况还无法达到这样的程度。"

销售员："所以问题的根源就在这儿。这份保险是我为您特别设计的，可以为

您和您的家人免去将来的经济烦恼。先生，我相信在可以选择的范围内，您一定希望所有的状况都在您可以掌握的情况下发生！”

客户：“这是一定的，我担心的是自己无法实现这个愿望。”

销售员：“先生，话不能这么说，以前没有保险的时候你确实是没有那个能力，但是现在有保险了，那么你就有这个能力了。我相信你完全能够实现这个愿望。”

客户：“那你现在给我详细介绍一下这份保险的细节吧。”

通过这个例子我们可以看出，在销售人员没有给这位客户意见之前，他是按照自己的思维进行思考的，而一旦这位销售人员给他提出了建议，并且这种建议确实是站在他的立场为他考虑时，他自然就会心甘情愿说出销售员想要让他说的话了。

人的思维模式都有一种共性，就是容易跟着别人的思路走，特别是当别人站在你的立场为你考虑，而你因此被对方打动的时候。所以，在销售过程中，销售员如果善于利用这种技巧，那么想要提升业绩就是水到渠成的事了。

那么，销售员应该怎样用话语引导客户说出自己想要的话呢?

首先，可以运用悄悄转移话题的方法。也就是说，当你和客户沟通的时候，如果这个话题不是你所想谈的话题，那么你就可以悄悄地把客户的话题转移到你的产品上来，这样才会顺利地达成销售，否则，你一旦跟着客户的思维听下去的话，那你最终是不可能把这笔生意谈下来的。

在实际销售过程中，这个方法运用起来也并不难，如你可以说：“您的话使我想到……”“听了您的话，让我想起……”等这样的语言，如此就能够变被动为主动，将客户的话题转移到你想要交谈的话题上来，让客户跟着你的话来进行思维。

销售员还可以事先想好问题。如果销售员想从一开始就掌握主导权，继而牵引着客户的思维走，那么你就必须先用话语进行引导，让客户在你事先设置好的问题中做出选择。

在一条街上有两家卖拉面的小食店，因为他们的店铺相距不远，所以每天的食客数量也都相差无几，然而当一天下来结算营业额的时候，一家店的营业额总比另一家店多出了100多元来，并且天天都是这样。是什么原因导致了这样的结果呢？

原来问题的关键就在两家小食店的服务员身上，因为后一家店的服务员在客户进店坐下之后，就简单地问客户："请问您的面里加不加鸡蛋？"要是客户说"加"，他们就给客户加一个。每进来一个客户，服务员都要问一句："请问您的面里加不加鸡蛋？"这样问的时候，客户中也有说加的，也有说不加的，这就把加与不加鸡蛋的主导权交到了客户的手中。

而前一家店的服务员却不同，他们会问顾客："请问您加一个鸡蛋，还是加两个鸡蛋？"每进来一个客户，服务员都会这样问："加一个鸡蛋还是加两个鸡蛋？"最后客户中爱吃鸡蛋的人就要求加两个，不太喜欢吃鸡蛋的人就只要求加一个。这样一来，在这家吃面的客户就得至少加一个鸡蛋，因为无论如何，对于那些不太喜欢吃鸡蛋的客户来说，加一个鸡蛋也是不错的。所以，一天下来，这家店总要比那家店多卖出不少鸡蛋，这样他们的营业额也就更高一些。

营业额多的那家小食店的服务员，就是用话语来引导客户的思维，在不知不觉中为自己赚了更多钱的。所以，对于销售人员来说，在与客户沟通的过程中，要善于运用巧妙的话语牵引客户的思维走，这样才能够让你更好谈成生意。

销售不是打嘴仗，也不是单纯倾听，而是比拼心理。为了达到自己的目的，销售员就应该随时掌握主动，即使在倾听的时候，也是如此。

察言观色，抓住成交的关键信号

善于倾听，顺藤摸瓜，发现关键点，然后有的放矢，这是倾听的一个关键所在。

“这是全市同行中要价最低的版面。”某广告销售员向客户反复强调这一点，以为这样可以达成交易。此时，他却不知道客户另有所思：“我们要做的广告比这大多了，我宁愿价格高一点。”销售员抛出的钓钩根本没有用。

这就是问题所在，销售员的话不能符合客户潜在的需求。

如何在沟通中触摸到客户的需求关键点，抓住成交的关键信号呢？这不仅需要倾听客户的语言信号，还需要观察客户的行为信号和表情信号，也就是做到察言观色。

1.语言信号

有一些语言信号不能不加以留意，因为这些语言信号的发出，往往暗示你已触动了客户的购买意图。一旦发现这些语言信号，销售员要立即进行上溯回忆。也就是说，一旦听到这些语言信号，销售员应该立即想到自己刚才说的哪些话触动了客户。找到了诱使客户发出该信号的那些话，也就找到了关键点。再沟通时，就立即有了针对性。

谈话进行到一定时间，有时客户会发出如下的语言信号：

（1）打听交货时间。

（2）打听新旧产品比价。

（3）询问是否把一些销售条件记录在册。

（4）询问产品是否可以试用。

（5）询问打折事项。

（6）询问现在什么人在使用该产品。

（7）询问质量保障。

（8）报怨价格太贵。

（9）询问具体操作事项。

要是一个销售员只是忙于游说客户，而忽略了客户流露出的这些语言信号，那么他将无法感知客户的真正需求。不能触摸到客户的需求关键点，你的游说可能会适得其反——客户的需求点在东，而你却向西抛出了钓钩。

2.行为信号

细致观察客户的行为，并根据其变化的趋势，采用相应的策略、技巧加以诱导，这在成交阶段十分重要。通常客户的行为信号表现为：

（1）点头。

（2）前倾，靠近销售者。

（3）触摸产品或订单。

（4）查看样品、说明书、广告等。

（5）放松身体。

（6）不断抚摸头发。

（7）摸胡子或者捋胡须。

上述动作，或表示客户想重新考虑所推荐产品，或是购买决心已下，紧张的思想松弛下来，总之，都有可能在表示一种“基本接受”的态度。

3.表情信号

从客户的面部表情可以辨别其购买意向。眼睛注视、嘴角微翘或点头赞许都与客户的心理感受有关，均可以视为成交信号，具体表现有：

（1）双眉上扬。

（2）眼睛转动加快。

（3）嘴唇开始抿紧，好像在品味着什么。

（4）神色活跃起来。

（5）态度更加友好。

（6）原先造作的微笑让位于自然的微笑。

由此可见，客户的一言一行，都在表明他们的想法。从客户发出的信号上，完全可以判断出他们是急于购买，还是抵制购买。及时发现、理解、利用客户表露出来的成交信号，并不十分困难，其中大部分都能靠常识解决，具体做法是：一要靠销售员的细心观察和体验，二要靠销售员的积极诱导。总之，当客户的成交信号发出时，销售员要及时捕捉，并迅速提出成交要求。

记录关键：倾听的一只耳朵长在手里

在与客户有过几次交流后，为争取时间，我们一般要对客户的性格、喜好等各方面有一个评价。这个评价的结果，来自于我们对每次倾听客户谈话时获得的资料的分析。

有一个新入行的电话销售员曾对她的主管说，她无法判断她的客户是何种性格。她请求主管在下一次打电话时和她一同收听，帮她分析。主管说，先把你的电话记录拿给我看一下，销售员摇头，尴尬地说没有记录。

后来，主管和她一同听了电话，然后告诉她，她的客户是一个自主意识很强的人，问她在沟通过程中是否有一种越对客户游说越离题的感觉。销售员说，她根本插不进话，客户说完了，这个电话也就结束了。

像上面这种客户，你越是想劝服他，反而越适得其反。切记，首先必须仔细分析他的语言方式，以便捕捉到一些细节。

销售员在进行倾听之前，必须做好充分的准备，当客户发现你对他的理想和生活了解很多、知之很深的时候，他会强烈地表现出亲切的态度。这样你就赢了一半了，因为只有这时他才会把谈话的另一半主动权交给你。

与这种客户打交道，关键的一点是要有足够的资料进行分析，找到他的独特之处。像上面那位销售员，犯的第一个错误就是，在打电话时没有拿出笔和纸来记录。分析来源于资料，资料来源于倾听。

倾听时不做记录等于只用一只耳朵去听。有一句话是这样说的：“人们做了就记住了，人们听了就忘掉了。”

比如自主意识很强的人，他在电话里绝不会轻易放弃主动权，这时你该让他感到你在做笔记。有人可能会反驳说，客户知道你在记录更会说个没完。其实，就是要让客户说，让客户把话说尽。让客户一次把话都谈出来，省得你要分好几次听他夸夸其谈。相反，你不让他说，你越想说，他越觉得你要压制他，他越会说得离题万里。让他说，而且让他感到你在做记录。销售员做记录其实是在做实情调查和分析，是在收集客户的语言方式、考虑问题的出发点、最关心的问题以及他的生活状况等，在收集他的价值观和需求点。所以才说，销售员在倾听时要有一只耳朵长在手上。

慎之又慎，插话一定要谨慎、适时

在倾听客户说话的时候，如果你对他的话表示赞同，你可以适时插话：

“你说得太好了！”

“非常正确！”

“这确实令人兴奋！”

这些简洁的插话能让客户想释放的情感找到载体，也能表明你对客户的理解和支持。

有些人在客户说话时，一句话也不说，仿佛都听进去了，等到客户说完，却又问道：“很抱歉，刚才有个问题是否可以再说下。”对他来说，也许只是一时心不在焉，听漏了要害，对说话的客户却是件很失礼的事。

在客户说话时一言不发是很不好的行为。客户说到关键的时刻，你只看着对方，而不说话，客户会感到很尴尬，他会以为没有说清楚而继续说下去。

不过，需要指出的是，销售员在倾听时插话要慎之又慎。

有些销售员常会轻率地问：“刚才这个问题的意思，能解释一下吗？”或者不经大脑就说：“我不太了解刚才这个问题的意思。”这些话都不算得体。你不妨这样表示：“据我听到的，你的意思是这样的呢？”

即使你真的没听懂，或听漏了一两句，也千万别在对方说话途中突然提出问题，必须等到他把一段话说完，再插话说：“很抱歉，刚才中间有一两句你说的是……吗？”相反，如果你是在对方谈话中间打断，问：“等等，你刚才这句话能不能再重复一遍？”这样会使对方有一种受到命令或指示的感觉。

俗话说：“听人讲话，务必有始有终。”但是能做到这一点的人却不多。有些人往往因为疑惑对方所讲的内容，便脱口而出：“这话不太好吧？”或因不满意对方的意见而提出自己的见解，甚至当对方有些停顿时，抢着说：“你要说的是不是……”你的插话很可能打断了他的思路，要讲些什么他反而忘了。中间打断对方的话题是没有礼貌的行为，有时会产生不必要的误会，说不定对方会想：“那么你来讲好了！”

一个精明而有教养的销售员在与客户交谈时，即使对方长篇大论地说个不休，也绝不会轻易插话，这不仅是不礼貌的事，还容易导致什么生意也谈不成。

在饭局、宴会上，我们时常可以看到客户正和另外一个不认识的人聊得起劲，此时，你可能存有加入过去的想法。但是，一方面你不知道他们的话题是什么，而且你突然地加入，可能会令他们觉得不自然，也许因此而让话题接不下去，到后来场面气氛转为尴尬，无法收拾。此时，客户一定会觉得你很没礼貌。如果碰到这种情况，你最好等他们说完再过去找客户，即使真有事必须当时告诉他，给他一些小动作的暗示，他就会找机会和你讲。

有一点很重要，千万不要静悄悄地站在他们身旁，好像在偷听一样，应该尽可能找个适当机会，礼貌地说：“对不起，我可以加入你们吗？”或者，大方地、客气地打招呼，叫客户介绍一下。当然，也不要打断他们的话题，以免制造出尴尬的气氛。

第十二章

适时提问，让倾听更有效

适时提问是倾听中不可或缺的一部分。对销售员而言，无论是想尽快获得客户的尊重与信任，还是想快速签单，都得学会适时、聪明地提问。

销售，要学会把“！”变成“？”

销售最应该做的一件事，就是学会把“！”变为“？”，即不要强力销售，而要更多地通过提问了解和满足客户的需求，这是一门重要的学问，也蕴藏着大智慧。这其中的关键在于：不是自己下决心，而是让客户自己下决心。让客户下决心的方法有很多，比如我们可以通过提问，让推销对象变为帮自己出主意的老师。

有一位汽车销售员，就是通过这种方法成功做成了生意。

有一对夫妇到他的店里，希望购买一辆二手车，但来了好几次，看了又看，都不满意，迟迟下不了决心。通过仔细观察，销售员发现这对夫妇自尊心很强，而且也爱挑剔。他想：如果照现在这种推销法，是无法让他们感到满意的。于是，他改变了推销方式，不但对他们的挑剔一点也不抱怨，反倒夸奖他们很有眼光。即使他们不买，他每次还是十分热情地送他们出门，并诚恳地表示以后还要向他们请教。

几天后，“请教”的机会来了。一位顾客到店里想卖掉自己的旧车，经过讨价还价，最后以500美元的低价成交。之后，他打电话给那对夫妇，说有人向他推销一部二手车，但他拿不太准，所以想请他们夫妇过来指教。在热情的邀请下，那对夫妇很高兴，很快就过来了。销售员带他们仔细看了这辆车，然后说：“经过几次接触，我越来越敬佩你们。你们都是懂汽车的人。这辆车，麻烦你们看一看，它到底能值多少钱？”

受到这样的尊敬，这对夫妇既吃惊又感动，对这辆车又摸又看，最后说：“我们认为，如果车主愿意以800美元卖掉，您就立即买下来吧。”

销售员对他们的建议再次感谢，然后提出：“假如我花这么多钱把车买下，您不想再从我这里买走吗？”

“很愿意啊！”当妻子的立即说。不过她立即又开始犹犹豫豫，说：“你先买下的话，不要加价吗？”

“没关系，这点您不用担心，既然是你们看准的，就照800美元给您吧！”

那对夫妇高高兴兴地从他手上将这辆车买走了，双方皆大欢喜。

这位销售员确实是一个转换高手。首先，他把对象的性质转换了：本来是销售的对象，却变为了自己请教的老师。与此同时，他又将问题的性质进行了改变：把一个销售汽车的问题，转换为一个请教他人的问题。这一请教，满足了客户的自尊心和满足感，达到了比直接推销更好的效果。

用提问掌握倾听的优势

在倾听过程中，销售员不应该贸然行动，而是要先通过提问来试探对方虚实，这样做一方面可以隐藏自己的情绪，另一方面也有助于挖出对方的底牌。

在倾听过程中适时提问通常可以使自己处于主动地位，也就是说处于谈话的优势地位。使用提问技巧可以加强优势，充分利用各种信息去争取最好的结果。

一位信徒问牧师：“我在祈祷的时候可以抽烟吗？”

牧师拒绝说：“不行！”

另一位信徒问：“我在抽烟的时候可以祈祷吗？”

牧师回答说："可以！"

这则小故事至少能够给我们两点启示：提问时，首先要考虑提什么问题，其次是如何表述问题。另外，何时提出问题也是至关重要的。只有把这三点有机地结合起来，提问才能恰到好处，取得满意的效果。

提问的艺术，其实就是如何准确地把握住这三点，并根据具体情况灵活地提出问题。

有位大师说过："聪明的做法是显得有点傻乎乎的。"多问几次同样的问题——"我不能完全理解你的意思，你能再解释一下吗？"——能使对方暴露其论点中的弱点。一旦发生这样的事情，对手就不得不让步。

聪明的销售员在与客户商谈解决方案之前，要懂得先提出正确的问题，倾听对方的目标与选择标准，再将这些信息量化，然后再为其量身制定方案。

提问方法有很多种，我们简单地列举其中几个：

1.诱问导入提问法

诱问导入是指有目的地诱问、引导，使对方不知不觉地落入自己所预设的"圈套"。来看一个以诱问导入的销售案例：

一位销售员来到一家工厂推销电动机。这家工厂的总工程师将电动机通电，用手测试外壳的温度后，认为销售员出售的电动机太热，怀疑电动机质量不好，表示不愿意购买。

这位销售员问总工程师："你这里有符合电制品公司标准的电动机吧？"

总工程师答："有"。

"电制品公司一般规定电动机的设计标准，温度可高出室温华氏72度，是吗？"销售员又问。

"是的。"总工程师回答。

"那你们厂内的温度是多少？"

“大概是华氏75度左右。”

“假如厂内的温度是75度，那么电动机的温度可高达147度。你要是把手放在华氏147度的水里，是不是会烫伤呢？”

“是的。”

“那你是不是最好不要把你的手放在电动机上来测试热度。”

总工程师只好承认：“你说得一点也不错。”

电动机的温度高达147度的话，会烫伤手，工程师用手测试温度，手却没事，证明电动机不存在太热的问题。销售员以诱问的方式，成功解答了工程师的疑惑。结果，他成交了近5万美元的生意。

2.开门见山提问法

所谓开门见山提问法，就是在谈话中有不明白的问题或想了解某一问题时，直截了当地向对方提问，而不绕圈子。例如：“你对这种电冰箱有兴趣吗？”

开门见山法具有言简意明的特色，因而常被销售员所采用。当然，常用并不等于任何场合都能使用。当对方对某些问题有所避讳时，就不宜直问。

3.协商讨论提问法

所谓协商讨论提问法，是指用商讨的语气向对方发出的提问。比如：“你看咱们就这样定了好不好？”

协商讨论提问法，语气平和，即使对方没有接受你的意见，交谈的气氛仍能保持融洽。

4.委婉含蓄提问法

当对方对某些问题有所忌讳时，不宜直问，那么遇此情况，怎样提问才算恰当呢？成功的销售员常采用委婉、曲折的问法，迂回含蓄地提出问题，这即是“委婉含蓄提问法”。

5.澄清证实提问法

在销售过程中，销售员为了进一步证实上一轮问答中对方答复的意思是否准确，澄清对方的态度是否明朗，常常针对对方的话语进行反馈提问，这就是我们所说的澄清证实提问法。例如："您刚才说您对我们的产品很满意，是这样的吧？"

6.限制选择提问法

限制选择提问法，又可称为"二者择一法"。它是一种故意将对方的选择范围限制在两个选择之间的提问方式。我们之前所举的拉面加一个鸡蛋还是加两个鸡蛋的例子，就利用了这种提问方式。这种提问方法对己方有利，但运用此法时也需慎重，一般应在己方充分掌握主动权的情况下使用，否则将达不到预期的效果，弄不好还会陷入销售僵局。

千万别小看"为什么"的力量

"why"（为什么），简简单单的一个词，却是英文中最有力度的一个词。凡事问个"为什么"，总是错不了的。一旦领悟了"为什么"的价值，在销售倾听中，可以让客户尽快亮开底牌。

下面是销售精英杨先生在推销中使用"为什么"的故事。

杨先生真正认识到"为什么"的价值，得归功于上海的一位老客户，也是他的好朋友。这位客户是一家再生物资公司的老板，是全上海最忙碌也最成功的商人之一。他曾向杨先生讲了一件很有意思的事：

有一次，他在郊外与朋友聚会，晚上就住在一个农家乐里。众人闲着无事，就轮流讲故事。轮到他讲时，夜色已深，大家纷纷睡着了，只剩下一个人听他说。他也很困，总想停下来睡觉。那唯一的听众，每见他停下来，便问一句“为什么”。如此，他无论如何都不能入睡，只得强打精神讲下去。直到那唯一的听众也酣然入梦，他才得以休息。

杨先生和他的那位朋友乐不可支，捧腹大笑。朋友继续说：“我想起了最初你向我推销保险时的情形。那是我平生第一次买人寿保险。你对我所说的话，别的业务员早已说过。你的高明之处在于只是引导我，一个劲地问我为什么。我不停地跟你解释，就把自己出卖了。你并不直接与我争辩，却轻松地击溃了我所有的防线。最后的情况是我自己‘主动’向你购买一份保险，而不是你向我卖保险。

“也许，你自己当时还不知道自己在运用‘为什么’的技巧。岂知，这‘为什么’正是推销中的一项重要策略。我在那次朋友聚会散了之后，回到办公室，就用这招‘为什么’通过电话轻轻松松地卖掉了许多积压已久的货物。”

杨先生对此深信不疑，并衷心地感谢这位朋友。

令人疑惑的是，现实中许多销售员竟然不敢用“为什么”这一提问方法。事实上，只要用好了这个“为什么”，销售员就能获得莫大的成功。

成为顶尖销售精英后，杨先生经常被邀请去做销售培训。在培训中，他总会说起自己的经历，也让听了他的经历的销售员述说他们使用“为什么”的初始经历和感受。当时，有一位机器销售员讲了自己的体会。他说：“上次我听完杨先生的培训后，心里总犯嘀咕，那管用吗？有一天，生意来了。有位客户询问我们店机器的价钱，我告诉他4988元。他嫌太贵，我立刻问他为什么会贵。他说他担心买了这台机器所得的利润还赚不回本钱。我问他这怎么可能呢，他回答说这怎么不可能；我又说别人买了机器后都发了，为什么你会赔呢，他很不礼貌地说怎么可能赚呢。说来说去，他认为自己负担不起。我继续问他为什么，不停地问，直到最后他买了那部机器。嘿，‘为什么’这技巧使我做成了平生最快的一次生意。倘若我像过去一样，跟他喋喋不休地说些俗套的推销之词，这笔生意可能就黄了。”

销售的成功往往在一转念之间，在销售进展的关键时刻，就看你是否愿意去问一句“为什么”，这样也许就能够扭转乾坤。当然，多问“为什么”，不等于滥问“为什么”，要抓住时机，问得合适，不能因为问“为什么”而被客户看成无知。

开放式提问，让客户畅所欲言

什么是“开放式提问”？“开放性提问”就是指没有明确的特指对象，对答案没有局限的问题，这样可以让顾客畅所欲言，充分阐述自己的意见、看法。同时，销售员还可以根据客户的答案，判断出客户的类型以及所处的心理状态。除此以外，销售员还可以采用间接地开放式提问方法，缓解顾客紧张情绪。例如：“很多客户都反映我们公司的产品比较耐磨，不知道您有什么看法？”“购买过汽车的用户多数都认为这款车比较省油，您觉得呢？”等。

进行开放式提问可以让客户畅所欲言，有助于销售员根据客户的谈话内容了解更多更有效的客户信息。而且，开放式提问也不会让客户感到受约束，他们通常会感到放松和愉快，这显然有助于我们与客户做进一步沟通。

当然，这一类问题虽然比较开放，但需要销售员把握好尺度，不要天马行空、无所顾忌地乱提，要结合销售的主题有的放矢地进行提问，否则会让客户不知道从何说起。另外，在客户回答的时候，销售员需要认真倾听，这样才能在此基础上提出更深入的问题，从而更好地挖掘到客户的需求。

了解了开放式提问的概念和作用后，销售员还要掌握如何设计开放式提问。

一要问“为什么”，即问目的和原因。比如：“您为什么会有这样的看法呢？”“您做出这样的决定是出于什么原因呢？”

二要问“是什么”，也就是问内容。比如：“您具体的想法是什么呢？”“你对产品的功能具体有什么要求呢？”

三要问地点。比如：“您打算在什么地方进行交易？”

四要问时间。比如：“你希望送货的时间是什么时候？”“你通常什么时间在公司？”

五要问人，即问对象。比如：“如果我们举办一个活动，你们公司会有多少人参加呢？”

六要问“怎么样”，即问方法。比如：“你讲的这件事用什么方法可以实现呢？”“您有什么解决办法吗？”

七要问合作。假如彼此一定要合作，该怎么合作呢？这个问题非常重要，如果你跟客户聊天时，能够问出第七个问题，对方就应当开始思考该怎么合作了。

为了进一步诠释如何设计上面这七个问题，接下来再用案例解读一下。比如说卖理财产品。

第一，问“为什么”。你不能问客户：“请问你理财的原因是什么？”因为这听上去像是废话——理财都是为了赚钱。不过，你可以这么问：“请问您理财需要达到一个什么样的目标？”

第二，问“是什么”。“请问您常用的理财方式是哪几种？买保险、储蓄，还是买某种保值的基金？您愿不愿意尝试××类型的理财方法，让您的资产增值呢？”

第三，问地点。“请问您的证券账号开在什么地方？你是在家里操作，还是在交易所操作？”

第四，问时间。比如：“请问您是从什么时候开始炒股的？”“您能在这个理财产品上投入多少时间？”

第五，问人。比如：“您身边有哪些人也在做投资理财工作？”“您还有哪些朋友需要投资理财吗？”

第六，问“怎么样”。“您还需要理财公司提供哪些服务？”

第七，问合作。“我怎样才能成为您的客户经理？”这其实问的就是订购的问题。一般能回答到这里，证明客户对你的产品已经很感兴趣了，因此不要表现得太过急躁，以免引起客户的反感。

封闭式提问，明确客户的需求

什么是“封闭式提问呢”？“封闭式提问”是相对于“开放式提问”而言的，比如我们经常见面打招呼的问话：“吃了没？”回答只能是“吃了”或者是“没吃”，也就是说，只能从限定的答案范围中选择一个回答。一个优秀的销售员，应该用开放式提问作为销售的开始，以达到收集客户信息、更好地了解客户的目的，而把封闭式提问用在销售的结束阶段。

掌握封闭式提问的技巧对促进成交有很大的帮助，具体而言，封闭式提问有以下作用：

（1）可以确认客户讲过的话。比如他说过一次“我比较喜欢这个产品的这个功能”，你就可以在合适的时候问他：“你真的喜欢这个功能吗？”他只能回答“是”或者“不是”，既然他说过喜欢，那么这时候他一般会回答“是的”。他思考和回答的过程也就是说服自己的过程。

（2）确认客户的意愿度。这可以提升客户与你合作的意愿。

（3）取得承诺。让对方承诺你他可能会购买。

（4）测试客户对你的话的理解程度。

下面来看一个案例，它有助于销售员理解什么是“封闭式提问”。

一天，客户杨先生到某4S店看车，销售顾问小徐迎接，在进行简单自我介绍后，客户开始看车。小徐与杨先生的对话如下：

小徐：“杨先生喜欢两厢车还是三厢车？”

杨先生：“三厢的。”

小徐：“喜欢自动挡的还是手动挡的车呢？”

杨先生：“手动挡的。”

小徐：“喜欢小排量的车还是大排量的？”

杨先生：“小排量的。”

小徐：“那杨先生，你选择小排量的原因是不是担心大排量的车比小排量的车费油啊？”

杨先生：“是的”。

小徐：“如果排量小，导致驾驶的时候动力不足你能接受吗？”

杨先生：“当然不行。”

小徐：“那么，按我的理解，你需要一款在满足动力要求的前提下，排量小的省油的车，是这样吗？”

杨先生：“是的。”

小徐：“杨先生是喜欢大众化的颜色还是个性化的颜色？”

杨先生：“大众化的颜色。”

小徐：“杨先生，你买车后，是仅您自己开还是家人也会开？”

杨先生：“家人也会开，但是比较少。”

小徐：“杨先生，您家人的驾驶技术比你强还是比您差？”

杨先生：“要差一些。”

小徐：“杨先生，您购车后，后排经常坐人还是不经常坐人？”

杨先生：“不经常坐人，但是要坐人的情况也不少，比如周末出去玩的时候。”

通过上述封闭式提问，销售顾问小徐是不是很容易就知道了客户的一些基本需求，如果再适时总结一下，并且给客户一个总结式反馈，效果就会更好。比如小徐可以这样说：“杨先生，刚才听你这么一说，我基本明白你的需要了，现在我总结给您听听，您看对不对？我理解您需要一辆在满足动力要求的情况下，能够省油的、颜色比较大众化、手动挡的三厢轿车。是这样吗？”

这样，是不是会让客户觉得这位销售顾问特别专业呢？

封闭式提问就是有这样的力量，能让顾客的回答比较明确、具体，进而帮助销售员找到客户的真正需求。但是，封闭式提问的缺点就是具备一定的威胁性，可能会让客户产生一种不舒服的感觉。因此，为了准确地判断出顾客的需求，销售员在提问的过程中，最好将开放式与封闭式提问法结合起来，利用开放式提问启发顾客说出自己的意见、看法，然后利用封闭式提问法进行准确定位，进而找到顾客需求，赢得销售的成功。

注意！提问切勿让客户产生逆反心理

在销售的倾听过程时，销售员需要适时提问，但值得一提的是，无论提问何种问题，在提问的过程中，销售员一定不能使客户产生逆反心理。总的来说，需要注意以下两个方面：

1.尽量不要向客户发布“最后通牒”

在销售实践中，有一些销售员在倾听完客户的想法后，往往会提出这样一些问题，比如“您的意思我完全明白，但您现在是否可以决定？”“那么，我们能否今天就达成协议？”“那您买这种产品吗？”等。这些问题类似于“最后通牒”，因而往往使客户感到反感。为了摆脱来自销售员一方的压力，客户会毫不留情地拒绝销售员的建议。所以，在诱导客户购买的时候，不要向客户发布“最后通牒”。

从另一个角度看，这种提问也违反了销售心理学的一条规则，即要避免提出一些容易遭到反对的问题。以“最后通牒”的形式问客户意见，只会招致否定的答复。“我们再来谈一谈你要不要这个产品？”这样的提问只能引起客户的反感：“不，我现在不想谈！”

2.尽量用温和肯定的语气提问

提问的语气不同，对方的反应就不同，得到的回答也不同。例如：“你们杀价这么狠，我们能接受吗？”“你们的杀价远超出我们的估计，有商量的余地吗？”前者似乎有挑战的意思，它似乎告诉对方，如果你们杀价太狠，我们就没什么可谈的了；而后者则使谈话的气氛缓和多了。可见，提问的语气直接影响对方的态度。

在日常生活中我们发现，用肯定的语气与人交谈，会给人以可信可亲的感觉；反之，用否定的语气与人交谈，则给人以疏远的感觉。因此，在销售过程中多用肯定语气交谈，可以使客户对销售发生更大的兴趣。一些值得借鉴的好的肯定语有：“您已经……”“您是否……”“您愿不愿意……”“您想……”等。

会问还要会答，掌握倾听时回答客户问题的技巧

在倾听时，不仅需要适时提问，还需要有技巧地回答客户的提问，这些技巧实际上就是以不同的方式回答不同问题的方法。客户提出的每一个问题都有每一个问题的情况和背景，有的问题需要详细说明；有的三言两语就可以解决，但不能采取千篇一律的方法来处理。需要强调的一点是，你必须明确，只要客户在不断地提出问题，他们就一直存在着购买商品的可能。

那么，回答客户问题的技巧有哪些呢？

1.“是……但是”法

在回答客户问题时，这是一个广泛应用的方法，它非常简单，也非常有效。具体来说就是：一方面销售员表示同意客户的意见，另一方面又解释了客户产生意见的原因及客户看法的方向性。

因为大多数客户在提出对商品的看法时，都是从自己的主观感受出发的，也就是说，都是带有一种情绪的，而这种方法可以稳定客户的情绪，可以在不同客户发生争执的情况下，委婉地向客户表达不同的看法。当客户对商品产生了误解时，这种方法是有效的。

例如，一位客户正在打量一株紫罗兰。

客户：“我一直想买一株紫罗兰，但是我又听说要使紫罗兰开花是非常困难的，我的朋友就从来没有看到他的紫罗兰开过花。”

销售员：“是的，您说得对，很多人的紫罗兰是开不了花，但是如果您按照规定的要求去做，它肯定会开花的。这个说明书将告诉您怎样照顾紫罗兰，请按照上面的要求精心管理，如果它开不了花，还可以退回本店。”

你看，这个销售员用一个“是”对客户的话表示赞同，用“但是”解释了紫罗兰不开花的原因，这种方法稳住了客户，使客户以更浓厚的兴趣倾听销售员的介绍。

2.直接否定法

当客户的问题来自不真实的信息或误解时，可以使用直接否定法。然而，这是回答客户问题时的最不高明的方法，等于告诉客户他的看法是错误的，是对客户所提意见的直接驳斥。因此，这种方法只有在适当的时候才可以使用，请看下面的例子：

一位客户正在看一把塑料手柄的锯：“为什么这把锯的手柄要用塑料而不用金属呢？看来是为了降低成本。”

销售员：“我明白您说的意思，但是改用塑料手柄绝不是为了降低成本。您看，这种塑料是很坚硬的，而且它和金属的一样安全可靠。许多人都非常喜欢这种样式。”

试想，假如销售员说：“您是从哪里听说的？”客户可能会感到生气和愤怒。但是，销售员用同情的语气予以解释，情况就大不相同了。客户对直接否定法的反应更大程度上取决于你怎样使用这种方法。

3.高视角、全方位法

客户可能提出产品某个方面的缺点，销售员则可以强调商品的突出优点，以弱化客户提出的产品的缺点。当客户提出的问题基于事实根据时，便可以采取此法。

请看下面的例子：

销售员：“这种沙发是用漂亮的纤维织物制成的，坐在上面感觉很柔软。”

客户："是很柔软，但是这种材料很容易脏。"

销售员："我知道你为什么这样想，其实这是几年前的情况了，现在的纤维织物都经过了防污处理，而且还具有防潮性能。假如沙发弄脏了，污垢是很容易除去的。"

4.自食其果法

当客户提出产品本身存在的问题时，可以用这种方法把销售的阻力变成购买的动力。采用这种方法，实际上就是把客户提出的缺点转化成优点，并且作为他购买产品的理由。请看下面的例子。

一位客户正在看一台洗衣机：

客户："这种洗衣机质量很好，就是价格太贵了。"

销售员："这种洗衣机的设计是从耐用、寿命长的角度考虑的，可以使用多年不用修理。别的牌子虽然便宜一点，但维修的费用很高，比较起来还是买这种洗衣机合算。"

客户对商品提出的缺点成为他购买商品的理由——这就是"自食其果法"。

5.介绍第三者体会法

这种方法是利用使用过产品的客户来说服客户的一种方法。一般说来，人们都愿意听取旁观者的意见。所以，那些感谢信、褒扬产品的来信等，是推销产品的活教材。请看下面这个例子：

客户："这个车库的门我怎么也安不好。"

销售员："我理解您的心情，几个星期前有位博士也买了一个类似的门，开始也担心安不好，可是前几天我收到他的一封邮件，她评论说只要按说明书的要求做，安装非常容易。请您先看看说明书，我打开网站让您看下这位博士的评论。"

6.结束销售法

在整个销售过程中，要抓住每一个可能结束销售的机会。假如客户的问题是一个购买信号，就正面回答客户，然后结束销售。当客户对产品提出的问题或表示的意见是同他面前的产品相联系的时候，这就是客户准备购买的一个信号，在回答客户的问题之后，就可以结束销售。比如，一个客户正在打量一套衣服：

客户："我很喜欢这套衣服，但是裤子太肥了，上衣的袖子也长了点。"

销售员："不要紧，我们有经验丰富的裁剪师，稍微修一下，就会很合身的。让我叫裁剪师过来。"

客户："太好了，谢谢！"

掌握了以上技巧后，在答复客户提出的问题时，还要注意以下几点：

第一，答复客户提问时，应该搞清楚问题的真正含义后才能给予回答，切忌随便答复。答复要有条有理、通俗易懂、简明扼要，切不可东一句，西一句，不着边际，因为客户的许多提问，旨在探求产品的真实情况。

第二，答复要有分寸，正确的答复未必是最好的答复。答复的技巧在于掌握什么应该说，什么不应该说，而不完全在于答复的对与错。答复要既不言过其实，也不弄虚作假。答复应得体、巧妙，赢得客户的好感和信任。

第三，在答复之前，应给自己充分的思考时间。为了争取更多的思考时间，销售员可以采用一些方法拖延答复，例如请求客户解释他所提出的问题，或用"记不清""资料不全"等借口拖延答复。

第四，有些答复要有弹性，不要把话说得太绝对。对于需要保密的信息资料应绕过，不做正面回答，或者委婉地说明情况并表示歉意。